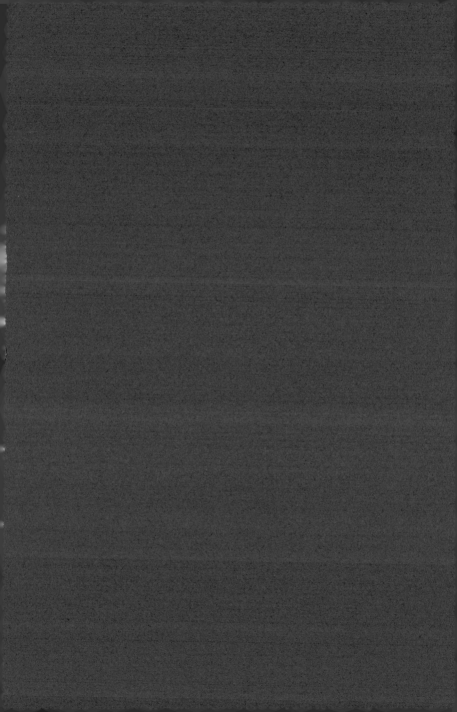

李《リ》信《シ》恵《ネ》 *Lee Sinhae*

#鶴橋安寧

アンチ・ヘイト・クロニクル

影書房

#鶴橋安寧

アンチ・ヘイト・クロニクル

◆

もくじ

プロローグ　5

カウンター

始まりはＫポペン　16　／野間易通氏と「レイシストをしばき隊」　19
「鶴橋大虐殺」と中学生の少女　26　／神鷲皇国会のＳ少年　31
院内集会と「元在特会」の告白　34　／在特会・桜井誠会長への突撃取材＠神戸　40
「在日特権」はあった？　50　／「しまふくろう」事件　54
進化するカウンター　59　／「仲良くしようぜパレード」で、チョゴリをまとう。　64
おつるさん　70　／ワクチン　74　／桜井誠会長に、再びインタビュー　77
「世界が川口と蕨を愛してる‼」　79　／在日と出会えない人々　84
＃鶴橋安寧　87　／東京の荒川で　93

差別はネットの娯楽なのか

私がチャンネル桜に出演した理由　96
「差別を比較して意味があるのですか？」　101
ネット右翼と「まとめサイト」　106
帰化すればいいんじゃないですかね？　111
外国人女性タレント・フィフィさんという生きかた　114
ヨーゲン氏　117

ひまわりと菜の花——福島朝鮮学校の除染作業へ　121

京都朝鮮学校襲撃事件　裁判傍聴記

事件の概要　130／事件との出会いと「在特特会」　135
シンポジウムと上瀧浩子弁護士　142／初めての傍聴と朴貞任オンニ　144
西村斉氏とブレノ氏、中谷良子氏　146／沈黙効果　151
西村修平氏と中谷辰一郎氏　155／八木康洋在特会筆頭副会長　158
桜井誠氏の「小さな庭」　161／朝鮮学校の高校授業料無償化除外、どう思う？　165
金尚均先生　168／朴貞任オンニの証言と「3つの祖国」　171
朝鮮学校への防犯ブザー配布とりやめ事件　176／具良鈺弁護士と3人のヒロイン　178
京都地裁判決と希代のヘイトスピーカー川東大了氏　181／公園の丘　187
控訴審と徳永信一弁護士　190／十本の指　194
控訴審判決──そして法廷に響く叫び声　197／反レイシズム裁判へ──法しばき、始めました。　200

在日の街と人と

オモニの人生　208
祖父母の来日／オモニの青春／クリスマスプレゼント／最後のラブレター／創価学会と在日朝鮮人
記憶の断章　226
一番古い記憶／写真とオモニ／夏休みとハギハッキョ／最後の授業／本当の名前／FREEDOM FOR FINGERS／康好兄ちゃん
「イルム裁判」　当たり前に本名が名乗れる社会を求めて　240
『愛しきソナ』とヤン　ヨンヒオンニ　244

在日の詩人・丁章と喫茶美術館　247
在日の表情が見える街、大阪・鶴橋のコリアンタウン　251
「わたしのまちはアジアのまち　わたしのまちは世界のまち」　254
あとがき　257

カバー装画：「あかずきんさん」（2011・2・2）
および中扉挿絵＝金明和©

プロローグ

朝起きて、仕事のためにまずインターネットで情報をチェックする。そして、ツイッターやフェイスブックもチェック。

ツイッターのメンション欄には、

「朝鮮半島へ帰れ」

「基地外《きちがい》ＢＢＡ《ばばあ》」

「チョンは駆除」

「在日は被害者面した加害者」

「反日記者」

「売国奴」

……こういった文言がずらり。

日々生まれる日本と韓国、共和国（朝鮮民主主義人民共和国）との政治的な摩擦や在日コリアンについての質問や意見も並ぶ。それにいちいち反論していくことから、私の１日が始まる。

こういうメンションを送ってくるアカウントの大半は、ネトウヨと呼ばれる人々と、その予備軍だ。

私はネトウヨにとっての〝登竜門〟であり〝アイドル〟らしい。センターの座は譲らない。

ネット上に蔓延し、リアル＝現実社会に飛び出してきたヘイトスピーチ。これをまきちらす差別街宣・デモとそれに対抗する「カウンター」の活動を、私はずっと追いかけている。といっても、本当は別に差別主義者なんて追いかけたくもないし、相手にもしたくない。バカみたいと、自分でも思う時がある。本当なら、こんな現場に行きたくない。今でもずっとそう思っている。毎回現場では平気なふりをしていても、一人になった時に怖くて震える。傷ついて泣いて、それでも現場へ行く理由を、自分なりに考えている。きっと変態だからだろう（おい）。

＊

私は、大学卒業後からずっと雑誌などの記者をしていた。メインは婦人画報社（当時）、世界文化社、光文社、文藝春秋社など。「２５ａｎｓ《ヴァンサンカン》」、「３０ａｎｓ《トランタン》」、「婦人画報」、「家庭画報」、「ＪＪ」、「ＣＲＥＡ《クレア》」などのエレガントな女性誌ばかりで、ファッションやグルメ、カルチャーなどを追いかけていた。まあ、そもそも自分自身がエレガントだしね。……無視か。

その一方で、関西Ｌマガジン社の雑誌「ミーツ・リージョナル」では、コリアンタウンで有名な大阪・鶴橋の市場じゅうのチヂミを制覇して食べ比べた「チヂミシュラン」や、怪しげな店を訪ねる「怖い店に行こう！」などの記事も書いていた。このほうが性にもあっているような気もするが、人生は何が起きるかわからない。

その後は男性週刊誌でもグルメ記事を担当し、順調に仕事を進めていたが、２００６年ごろに連載していた雑誌が相次いで休刊。そして年齢を重ねていくなか、このままの仕事のスタイルでいいのか、と考えた。自分に特化したジャンルがないことにも気がついた。若手も増えてきたし、焦《あせ》った。

そこで、いったんライターを休止することにした。かねてから法律に興味があったこともあり、もしもこの先ライターの仕事が来なくなっても、法律関係の資格を取り、それを新たな仕事にすればいい、と甘いことを考え、大学で再度学ぶことにした。自分自身が在日コリアンで、国際結婚したことによってさまざまな壁にぶつかってもいたので、それを解決するため、法律を学びたいという思いもあったからだ。

しかし、2009年に登録していた事務所から依頼を受けて、インターネット上のニュースサイト「サーチナ」で仕事を始めるようになった。韓国語を翻訳して記事を作成する、そう聞いたときに少し悩んだが、「大丈夫です」と答えた。その仕事が、おもしろそうだったからだ。

私は日本の学校しか出ていない。そのため、通訳や高度な内容の会話は難しいが、あちこちで習う機会はあったので、読み書きはそこそこできる。今の時代、辞書はもちろん、翻訳機だってある。どうしようもない時は民族学校出身の友人、韓国語が堪能な先輩たちに電話して聞こう、そう考えた。ライターとしては15年以上経験があったし、クオリティなどにもしも問題があればクビになるだけ、そういう気持ちでスタートした。いつでも適当なのが自分の良いところで、悪いところだ。

サーチナでは、当初は韓国人ブロガーのブログを通じて、日本社会や日本の文化を見直すという翻訳記事を担当し、徐々に日韓・日朝や在日の時事問題を扱うようになっていった。

サーチナはヤフーニュースに記事を配信しているのだが、そこでの私の記事に対するコメント欄には、「外国人は出ていけ」、「韓国は生意気だ」、「国交断絶を！」という投稿が日を追うごとに増えていった。投稿システムが若干変わったが、今でも状況はさほど変わらない。上位を占めるのは相変わらずそういったコメントだ。

ヤフーニュースにはランキングがあり、アクセス数とコメント数でそれぞれ上位10位までが表示される。私の記事がコメント数で初めて1位になったのは、まだ韓国のアイドルグループ「少女時代」が日本でデビューする前の、２００９年6月のことだった。それは、少女時代が韓国で発売したミニアルバムのジャケットに映っていた戦闘機を「日本の零式艦上戦闘機ではないか」と主張する韓国のブロガーたちが、関連写真をインターネット上に掲載、韓国内で大問題になっているという記事だった。

「この話は全く根拠がない。非難するネットユーザーたちにはあきれる」といった冷静なブロガーの意見も記事では紹介したのだが、ヤフーニュースのコメント欄には、「反日国家ならではの反応だ」といったコメントが1万件以上も並んだ。それを見て、従来の2ちゃんねるなどでの斜に構えた反応とはどこか違うと感じ、少し怖くなったのを覚えている。

また同じ頃、対馬などで韓国人観光客排斥を訴えるデモを行う日本人の右翼団体がいることが、韓国メディアで話題となっていた。こうした排外主義グループは日を追うごとにどんどんネットの中で存在感を増していった。

私は2ちゃんねるはずっとチェックしてきたので、そこで韓国や共和国、在日についてひどいことが書かれていることも当然ながら知っていた。ただ、どこかでそれはネットの中だけ、しかもその中でもごく一部のことだと思っていた。

１９９９年に2ちゃんねるが開設されて以降、２００２年の日韓共催サッカーワールドカップ、同年のいわゆる「拉致問題」などを受けて、次第にそういった書き込みの数は増え続け、坂道を転がるたびに大きくなる雪玉のように勢いを増した。それがいつのまにかリアルを侵食していると私が実感し始めたのは、ちょうどサーチナで右のような記事を書き始めた２００９年の頃からだった。

一部の人たちが「在日コリアンは日本人より優遇されている、特権をもっている」というような、ヘイトスピーチの元となるような言説をネット上の掲示板などに書き込み、ミクシーやツイッターなどのＳＮＳ（ソーシャル・ネットワーキング・サービス）が、それらの言説を支持する人どうしをつなぎ、差別を肯定し育てる土壌にもなったと私は感じている。

そして、在日コリアンが開設したブログのコメント欄やSNSのコミュニティ、ツイッターのメンション欄は、誹謗中傷で埋め尽くされるようになっていった。多くの在日は、現在に至るまでネット上でのいわれのない誹謗《ひぼう》中傷、嫌がらせ、差別に悩まされている。

私は今「ガジェット通信」というウェブサイトで「差別はネットの娯楽なのか」というタイトルの連載をもっているが、ツイッターにアクセスするたびに、ネットが、日常では出会えない在日コリアンを探し攻撃することを楽しむ〝狩り場〟になっていると日々感じている。モンスターハンター気分か！　と思う。

差別は一人でこっそりとする恥ずべきものだったが、敵と認定した在日をチームを組んで倒すことに、多くの人が興じている。本当に、娯楽のようだ。

これらのいわゆる「ネット右翼」、「ネトウヨ」と呼ばれ、差別をカジュアルに楽しむ人々は、インターネットが進化するなかで、ますます市民権を得るようになってしまった。そうして、ヘイトが街なかにあふれ出したのだ。


そういった行動を行ってきた人々の集合体の一つが、「在日特権を許さない市民の会」（在特会）だ。ヘイトスピーチを路上でまきちらす代表格であり、ありもしない在日によって奪われた「権利」を日本人は取り戻さなくてはいけない、と主張する人々だ。

２００６年の結成当初は数百人、現在は会員数1万４５００人ほどと推測されている（もちろんこの中には、情報を収集するためだけに会員登録をしている人もいるのだが）。

在特会ら「行動する保守」の差別排外主義団体が過激化するのは２００９年頃からだ。同年2月には、日本での滞在地位を求めるフィリピン人一家に関連して東京入国管理局前で抗議街宣、3月には京都の東九条にある在日による高齢者支援を目的としたＮＰＯ法人エルファを攻撃した。4月には前記のフィリピン人一家が住む埼玉県蕨市内で嫌がらせデモを行い、12月には、京都朝鮮学校への襲撃事件を起こしている。

フィリピン人一家に対する嫌がらせ事件と京都朝鮮学校襲撃事件については、私はミクシーを通じて知った。当時、「在日コリアン」と題したミクシーのコミュニティに参加していたのだが、そこではコミュニティに対し嫌がらせや無邪気な質問と称した迷惑行為を行う人々がたびたび登場するようになっていた。彼ら・彼女らは、在特会の活動を支持し、話題にもした。

私が最初に在特会を直接見たのは2011年2月のことだ。東京の代々木公園で朝鮮高校授業料無償化除外に反対する集会が開かれ、その後、渋谷方面へ向けてデモ行進が行われた。デモには朝鮮高校の生徒さんたちもたくさん参加していた。そのデモに対抗する形で、渋谷のど真ん中で日の丸を掲げながら、こちら側を口汚くののしる声が聞こえた。その一団が在特会だった。

そして同年4月の大阪・御堂筋での反原発デモ、続いて同年秋の東京小平市の朝鮮大学での文化祭の時にも彼らは現れた。

朝鮮大学前では、在特会の桜井誠会長は「朝鮮人を殺しに来た」と言い放った。私は「そこの朝鮮人の糞ババア」と呼ばれた。朝鮮人やし、ババアかも知れないけど、それをくっつけるな、と思った。現在でも、この時の様子はユーチューブ上に残っているのだが、数年後の最近になって、校門先にいた自分が写っていることを確認して驚いた。

在特会側の一員と思われるこの動画の撮影者は、当時は私が「李信恵」であり、「ライター」であることは知らなかったはずだが、クローズアップして映している。女性であることがわかったからだろう、自分より弱いものを探して晒《さら》すのが彼等の常套手段だ。ただ美しかったからだけ、なのかもしれないが。

ちなみに2014年11月現在まで、在特会系の動画に私は全部違う服で映っているはず。ファッションセンスは元々ないけど、カウンターでは危険な目に遭うことが多くなったので、派手な服装で目立ち、警察からも注目を浴びて、自分の身を守ろうと考えたからだ。みんなには笑われているが、ファッションは女性にとっての鎧《よろい》でもあると思う。

ある日などは、黄色いリボンを巻いての平和行動ということだったので、私は黄色いワンピースに黄色いジャケットをはおった。全身真っ黄色の私に、

「お前は辛子か」

と家族はあきれ顔。しぶしぶ変更することにしたが。

在特会らに執拗に撮影され、それが公開される。ニコ動（ニコニコ動画。ネット上の動画サイト）では待ちかねたようにネトウヨからの罵詈雑言《ばりぞうごん》コメントが続く。どうせ嫌がらせされるなら、それを逆手にとって毎回違う服で登場しよう。名付けて、「一人徹子の部屋」作戦。誰か新しい服、買ってください。

それはともかく、２０１１年の秋から京都の朝鮮学校襲撃事件の裁判を傍聴し支援していくなかで、私と在特会との因縁はさらに深まっていった。本当は、これっぽっちも関わりたくはないのだが。

＊

ネットにあふれかえるヘイトスピーチは、在日にとっては〝猛毒〟だとも思う。私は、まず心を殺された。これは当事者にしかわからない感覚かもしれない。すぐに〝復活〟するけれど、そのダメージは後遺症となって長く残る。日々、切り刻まれていれば、完全に治癒することも望めない。薄いかさぶたのように、ちょっとした刺激でまた血が噴き出す。

在日に対する殺害予告は日常茶飯事となり、いつかは実際に殺されかねないと思う時もある。殺されないためには、どうしたらいいのだろう。笑い話ではなく、本心からそう思う。

数年前、在日コリアン青年連合（ＫＥＹ）のシンポジウムで、コリアＮＧＯの金光敏《キムクァンミン》さんから聞いた話が忘れられない。

60年代～90年代にかけて、一世、二世らの時代、在日コリアンは就職差別もひどく、将来への選択肢が少なかった。医者や弁護士か、ヤクザか、プレス工など町工場の従業員になるか、それくらいしか選択肢がなかった。ヤクザもプレス工も、指を落とすのがオチだ。格好いい大人とは、子どもに夢や希望を与え、選択肢を広げてあげられる人。それにはまず、差別をなくさなければいけない。そして、路上でヘイトスピーチが繰り広げられることもあってはならない、と金さんは話した。

「あなたは格好いい大人ですか？」今でも自問自答している。

私は、２００９年に在特会による数々の大きな事件が起こった際、ただの傍観者でいたこと、無関心を装っていたことが、今でも心にずっとわだかまっている。在特会らを育てたのは、他人事としてしか見ていなかった自分ではないのか。自分がターゲットになるはずもないと高をくくっていたその時に何も行動を起こさなかったこと、行動の起こしかたを知らなかった自分が恥ずかしい。

私はその後悔を、さまざまな形で取り返すしかないと思っている。ネットでネット右翼にいちいち返信することは、悪い子を叱る大人の役割のようなもの。ちゃんと、差別はだめだと言わなきゃ。格好いい大人になるには、たぶんまだ遅くない。

◆登場する人物の肩書き、役職等は、特に断わりのない場合は本文執筆当時のものです。

カウンター

始まりはKポペン

2013年は、差別・排外街宣やデモが過激化した一方で、新しい、明るい動きも生まれた。代表的なのは東京・新大久保に「カウンター」と呼ばれる、差別に反対しヘイト街宣・デモを阻止しようとする人たちが大勢集まるようになったことだ。

このカウンターもまた、基本的にはネットを介して集まった人々で、同じくネットを介して集まってくる在特会（在日特権を許さない市民の会）らの横暴に腹をすえかねていた人たちだ。新大久保の場合は、カウンターのメンバーの大半は日本人だが、もちろん在日もいるし、通りがかった外国人が加わることもある。

カウンターの始まりは、13年1月12日に新大久保で行われた「韓流にトドメを！　反日無罪の韓国を叩きつぶせ　国民大行進 in 新大久保」と題する在特会のデモに対して、俗に「Kポペン」（ペンは韓国語でファンの意味）と呼ばれるK－POPファンが異を唱えたことからと言われる。

私はちょうどこの日、大阪である集会に参加していた。たまたま休憩時間中にその実況をツイッターでチェックすると、読んだだけで吐きそうになるほどひどい状況がTL（タイムライン。投稿が時系列に並ぶパソコンやスマートフォンなどの表示画面）上に流れていた。というか、トイレに駆け込んで本当に吐いた。

目撃者からは、ヘイトデモ参加者は100人未満との情報もあったが、主催者発表では参加者は300人。30代~40代が中心で、デモ隊のなかには「Fuck korea」、「反日殺せ」と書かれたプラカードを持った参加者も確認できた。

「東京って、いったいどうなってんの?」それが正直な感想だった。

この日に限らないが、在特会の会員らは反韓デモだけならまだしも、デモの後に「お散歩」と呼ばれる〝徘徊〟行為も行っていた。デモの許可を得ていない細い通りにまで入り込み、軒を連ねる店々に嫌がらせ行為を行っていたのだ。

韓流ブーム以来、東京でも有数のコリアンタウンである新大久保界隈は、多くのK-POPや韓流スターのファンたちでにぎわい、食材、雑貨、CDなどを販売する韓流ショップや韓国料理店などの飲食店が軒を連ねている。彼らは、そういった店の看板を蹴飛ばしたり、店内に大人数で侵入し、店員に暴言を吐いたり、韓流ファンの日本人客に嫌がらせをしたりしていた。

Kポペンはツイッター上で、口々にこのひどいデモやお散歩についてつぶやいた。在特会の会長である桜井誠こと高田誠氏のアカウント@Doronpa01には、「おっさん。お前人間として恥ずかしくないの?」、「まさに日本人の恥だね」、「このおじさん頭大丈夫? デモとかさやっても意味ないし! 日本の恥!! 韓国大好きだから新大久保行くんじゃないの? わざわざ新大久保でデモ?? 笑えるね!」など、非難コメントが殺到した。桜井氏のブログのコメント欄にも抗議の声が多数寄せられている。

一方で、表現の自由やデモという行為は大切であるという意見もみられたが、「『死ね』だの『ゴキブリ』だのと、徒党を組んで叫び倒して人の心を侵害することを『権利』だとご立派に主張されてもへそが茶を沸かすだけです。人の『権利』を『侵害する権利』なんざねーっつーの」という、まとめサイトに付いたコメントに、私は大きく頷いた。口は悪いけど、その通りだ。

この日本では、申請があれば、デモ自体は国民の権利として認められる。内容はどうであれ、だ。しかし、ヘイトをまきちらすだけのデモに社会的な価値を見出すことなどできないし、それにはきっちり周りの良識ある人々が「NO！」と言う必要があると思う。

レイシストに対して「ふざけんな」って思うと同時に、彼ら・彼女らをのさばらせて何もできない自分が歯がゆく、嫌な目にあった人たちには申し訳なくって、謝りたいような気持ちにもなった。でも、これらまとめサイトの中の韓流ファンや若い人たちのつぶやきを見て、安心した。ネットの中の、日本の良心を感じることができた。

私は、この一連のKポペンの抗議行動を、「新大久保で反韓デモに遭遇した若者たち『日本人として恥ずかしい』」と題する記事にした。支持されていると思い込んでいた若者層から目に見える形で反発を受けたことは、桜井会長にとって想像以上に大きなダメージだったようだ。

この記事を書いてから、会長の攻撃は私個人に直接向かうようになった。〝ネトウヨのアイドル〟から〝在特会の敵〟に昇格してしまった。

野間易通氏と「レイシストをしばき隊」

Ｋポペンの反発から1カ月が過ぎようとする2013年2月9日に、またしても新大久保で新社会運動主催、在特会協賛での反韓デモが行われた。ここで「レイシストをしばき隊」（しばき隊）が初登場する。

「しばき隊」は、「金曜官邸前抗議」のスタッフで、同名の著作もある野間易通《やすみち》氏（フリー編集者）が呼びかけ、結成したものだ。

しばき隊は、当初は反韓デモ自体は「放置」、そしてレイシストがデモ終了後に「お散歩」という行動に出た場合に、いち早く止めに入り、地域の安全を守るという目的で活動を始めた。

「ほんまにしばくんかな、どうやってやろ?」と一瞬期待したが、それは大きく裏切られた。もちろん、良い意味で。一見物騒な名称とは裏腹に、非暴力を貫くという。

当初、野間さんに「しばき隊を取材させて欲しい」とお願いしたが、あっさり拒否されてしまった。冷たい。なので、しばき隊の結成について野間さん個人から話を聞きたいと、趣旨を変えて再度お願いしたところＯＫが出た。

私が取材前までにつかんだしばき隊の情報は、野間さんのツイッターでの以下のつぶやきだけだった。
「警視庁からしばき隊への問い合わせがあったので、総人員500名、ロケットランチャー5台、AK-47が30丁、MP5が50丁、青龍刀部隊20名超と答えておきました」
「警視庁警備課『どこに集合すんの?』　しばき隊『規定時刻に300名が落下傘で降下する』」

当日は歌舞伎町のルノアールで待ち合わせをすることに。安田浩一さんも同席するとのことだった。安田さんは『ネットと愛国――在特会の「闇」を追いかけて』(講談社、2012年)の著者で、在特会桜井会長をはじめメンバーらに直接取材を試みて記事にするなど、日本の街角にあふれ出たレイシズムの問題にいち早く向き合い警鐘を鳴らしてきたジャーナリストだ。

しかし、待てど暮らせど野間さんは現れなかった。在日は、沖縄の人の笑い話と同様、時間におおらか(厳しく言えばルーズ)な人が多く、私も例にもれず遅刻の女王だ。その私を待たせるとは、さては野間さんは在日か?　などとばかばかしい話を安田さんとしながら野間さんを待った。

野間さんは、当日しばき隊に配布する資料を作成していて遅くなったとのことで、待ち合わせ場所を変更。結局そのおかげで、極秘だったしばき隊の集合場所に潜入することができた。

この日の在特会らのデモ隊の集合場所は大久保公園で、200人近くが集まった。スタート直後から「ゴキブリ、うじ虫、朝鮮人」、「殺せ、殺せ、朝鮮人」などと、聞くに堪えない罵声を叫びながら、デモ隊は歩き出した。

「良い韓国人も悪い韓国人もどちらも殺せ」、「害虫駆除」と書かれたプラカードや横断幕を掲げ、それを持った人々はカメラを持つ私に向かってそれを見せつけ、得意そうに笑っていた。その笑顔を見て、何かが凍るような気がした。

私はイケメン通りを抜け、先回りして大久保通りでデモ隊が来るのを待った。本当は安全を考えて、しばき隊の数名と行動を共にするはずだったのだが、単独行動をしてしまった。このひどいデモを、正面からとらえたい、そう思った。

大久保交番の前でカメラを構えようとすると、自転車で目の前を通り過ぎようとする白いダウンベストを着た年配の男性と目が合った。

（撮影著者）

男性は突然、「朝鮮人は出て行ったらいい、ゴキブリだ」と大声で言いながら通り過ぎた。

今考えると、ヘイトスピーチの本当の怖さを目撃した瞬間だったのかもしれない。この男性は、在特会のデモのシュプレヒコールをこの直前に聞いたのだろう。在特会らのデモとヘイトスピーチは、新たな差別への種まきのようなものだ。差別へのハードルをどんどん低くする。

その直後、デモ隊がやって来た。その中でもガラの悪い大阪弁の男性のコールが聞こえた。「自分は大阪から来たが、大阪の鶴橋にもコリアンタウンがある。夜になったらレイプが多発する」と叫んでいた。

私は小さい頃からその街を知っているが、そんな話は初耳だ。そういうデマを振りまくために大阪から来たのか、それともわざわざ恥をかきに来たのか。それにしてもチンピラみたいだ。その後、彼は過激化する差別・排外デモ集団の中で「新しいスター」のように脚光を浴びることになる。彼こそが排外右翼団体・神鷲皇国会《しんしゅうみくにかい》のSという少年だった。

信号待ちで目の前にいた中年の女性たちは、S少年のコールを聞いて、「いくら正しいことを言っても、あの巻き舌じゃあかえって、ね?」と話していた。「え? あんたら、あの発言の内容は問題にせえへんの?」問いかけたい気持ちを、私はぐっとこらえた。

なにげない差別に遭遇した時こそつらいものはない。差別とまでは言えなくても、不均衡な土台であるのにそれに気がつかない無神経さや、見て見ぬふり。絶望は、こんなふうに日常のどこにでも転がっている。

この日は、当初はツイッターで実況でもしようかと思っていたが、これまで見たヘイトデモの動画の何万倍もひどすぎて、私は何もできなかった。

デモ隊が通り過ぎた後、しばらく呆然と立ち尽くしていたら、直前に知り合った韓国料理店「鳥鵲橋《オザクキョ》」のオーナーに「大丈夫か?」と声をかけられた。その途端、道端で号泣してしまった。

差別に遭遇した時はいつも孤独で、取り残されたような気分になる。差別デモが通過する際に、交番では警官たちが談笑していた。自分を守ってくれるはずの「正義」は、差別を他人事だと思っている。人間はどこまでも残酷になれることを目の当たりにして、本当に怖くてならなかった。デモを追いかけ、解散地点までどうにかたどり着いたが、何とも言えない気持ちのまま、しばらく公園を眺めていた。そこには安田浩一さんもいて、「大丈夫だった?」と優しく声をかけられた。「大丈夫なわけないやんか!」私は思わず八つ当たりしてしまった。

安田さんには、この後も何度も八つ当たりしまくっている。ごめんなさい。


デモ解散後はいよいよ「お散歩」が始まる。「レイシストをしばき隊」の活動はここからが本番になるのだが、女性の参加は禁止（在特会関係者は弱い立場の者を狙うのが得意なので）ということや、外国籍なのが自分一人だけであること、万が一トラブルが発生した時の逮捕という不安があったので、私はその場を離れ大阪へ戻ることにした。

この日、在特会のデモを見て、怒り、悲しむ日本人に何人も出会った。しばき隊に参加していた数人とも、途中で話すことができた。皆、デモを目前にして怒りを隠しきれない様子だった。それがうれしいと思う反面、怒るより前に恐怖が先に来た自分だけが、どこか取り残されているような気分にもなった。

帰り道の新宿の交差点で、和服で差別デモに参加していた男性が、別の参加者と談笑しながら目の前を通り過ぎた。「朝鮮人を殺せ」と叫ぶデモにわざわざ和服で参加した彼にとって、いったいこのデモはなんだったのだろうか。

「殺したい朝鮮人は目の前ですよ」

もしそう声をかけたなら、いったい彼は、どんな顔をしただろうか。

帰途、新幹線の中で私は震えが止まらなかった。その日の寒さとともに、今でもこの1日の出来事を突然思い出す。夢にも何度も見た。そのたびに涙が止まらなくなって、どうしようもない。

この時はまだ、こんなふうに怖い思いをする日がこの先もずっと続くことになると思わなかった。何もかもが、始まったばかりだった。


新大久保の路上ではその日、やはり一部のレイシストたちが「お散歩」を行おうとしたものの、しばき隊は無事にこれを阻止した。今まで「お散歩」を放置していた警察も、しばき隊とレイシストが衝突するのを避けるために間に割って入り、「お散歩」を中止させたという。そして翌10日は前日の効果もあって、予定されていた「お散歩」自体が行われなかったという。明らかに、何かが変わった日だった。

私はこの9日から10日に日付が変わる時、ツイッターで、

「それにしても、新大久保の上空からレイシストをしばき隊の落下傘部隊が次々と地上に降り立った時は、本当に圧巻だった」

とつぶやいた。もちろん空想だが、2日間にわたって新大久保の街には、しばき隊をはじめ、安田さん、新大久保に関わる人々、多くの人々の善意が降り注いだと思っている。

しばき隊登場から1週間後の2月17日は、またもや新大久保で差別デモが行われたが、この時は木

野トシキ氏らによる「意思表示プラカード」運動が行われた。差別主義者たちのデモ隊の反対側の沿道には「仲良くしようぜ　친하게《チナゲ》 지내요《チネヨ》（韓国語で「仲良くしようぜ」の意）」、「差別主義者は恥を知れ」などと書かれたプラカードを持った「プラカ隊」が並び、レイシストたちに「ＮＯ！」を突き付けた。

　ニコ動やツイッター上で見た新大久保の風景は素敵だった。プラカードを掲げてすっくとレイシストに対峙して立ち、あるいは真っ赤な風船やお花などを持った人々が静かに沿道の歩行者に配るなどしていた。醜悪なデモ隊にき然と立ち向かったみんなの姿に、私は一人拍手を送った。

「鶴橋大虐殺」と中学生の少女

「鶴橋に住む、在日クソチョンコのみなさん、そして今ここにいる日本人のみなさん、こんにちは」まだあどけない顔をした少女は鶴橋駅前で語り出した。

「ほんま、皆さんが憎くて憎くてたまらないです。もう、殺してあげたい！」え、ちょっと待ってくれ。今何を言った？

続けて少女は楽しそうに叫んだ。

「いつまでも調子にのっとったら、南京大虐殺ではなく、鶴橋大虐殺を実行しますよ！」

想像をはるかに超えていた。まるで時間が止まったような感覚に襲われ、私はつかんでいた友人の手を放した。彼も振り返り「今あの子、なんって言うた？」周りの友人たちも茫然とそれを聞いていた。

「あの子な、中学生や」誰かがつぶやいた。目の前が真っ暗になった。

2013年2月24日に行われた大阪・鶴橋での排外ヘイトデモには、カウンターとして在日と日本人が共に立ち上がった「友だち守る団」が下味原《しもあじはら》の交差点に登場。「朝鮮学校しゅうげきを正当化するな」という横断幕が掲げられた。

この「友だち守る団」は、在日コリアン三世の凜七星氏が「レイシストをしばき隊」に刺激を受けて、関西でも立ち上がろうと声をかけて結成されたもの。

私はこのグループには参加しなかった。カウンターが始まった時、自分はライターであり、客観的な位置にいなければいけないのではないかと思っていたからだ。今考えると笑ってしまうが、本当は差別に向き合うことが怖かったんだとも思う。

私はデモ隊を追いかけた後、いったん下味原の交差点の友人たちの元に戻った。通りがかったという界隈に住む日本人の方が、「あのデモはおかしいと思う」と、飲み物を差し入れてくださった。ここは戦後間もなくからの「在日の街」。さすが鶴橋だなと思い、ちょっとジーンとした。

また、ニューカマーの韓国人女性に「친하게《チナゲ》 지내요《チネヨ》（仲良くしようぜ）」をプリントした紙を見せたらすごく喜んで、「頑張りなさい」と言ってくれた。女性は、私の横にいた男性に「あなたも韓国人？」と聞いた。男性が「私は朝鮮人」と言うと「韓国人と言いなさい！」と若干キレ気味だった。それを見て、つい笑ってしまった。男性が「故郷《コヒャン》が平壌《ピョンヤン》やし」と言うと、女性が「ああ、それなら仕方ない」と、やや納得していたのもさらにおかしかった。「ウリヌンハナダ（私たちは一つ）」と私が笑って言ったら、「ほんまや」、「負けたわ」とみんなが笑った。

夕方になり、鶴橋駅前で街宣が始まった。唇を噛みしめていた時、ふいに地元のオンニ（姉さん。年上の女性を呼ぶときの愛称）たちに声をかけられた。疎遠になっていたその民族講師のオンニは、行き違いになった過去のことは何も言わず、「今日、ずっと頑張ってたな」とうなずいた。「オンニ、東

京ではこれで意思表示やってるねんて」と、印刷したプラカードを渡したら「친하게《チナゲ》 지내요《チネヨ》 やね」と笑った。

在特会らは、交差点に掲げられた「朝鮮学校しゅうげきを正当化するな」の横断幕が気になったのか、「京都の勧進橋児童公園を奪還したのは自分たちの手柄、なんで逮捕されなあかんねん」と叫んでいた。

朝鮮学校は、日本と朝鮮半島との間で何かが起きた際に、つねに差別の矢面に立たされる存在だ。私自身は通ってはいなかったけれど、自分の中では朝鮮学校は自分とつながっていて、切り離せない。

駅前に立っていると、目が合ってこちらに何か言いかけてためらっているような人を何人か見かけた。気になって声をかけると、「姉ちゃん、何人？」、「あなたは同胞か？」、「自分は在日？」と何度も確かめるように聞いてくる。そのたびに私が「在日や」と答えると、ようやく安心したような表情になって、「自分も在日」とその人も言う。そして差別デモや街宣に対する悔しさを吐き出して去っていく、ということが何度かあった。きっと目の前で延々と続くヘイトになすすべもなく、怖かったんだろうと思う。話して誤魔化すしかなかったのかもしれない。

警官に「どうしたらいいねん、何とかしてくれ」という人も多かった。警備していた警官は、それでもただ見ているだけだった。あんな暴言をやめさせてほしい、助けてと思ったけれど、何もしてくれなかった。彼らはいったい、いつもいつも現場で何を見ているんだろう。

差別街宣が垂れ流される現場で、在特会らのほうへ突進しようとする在日の友人を、私はみんなと一緒に捕まえていた。気持ちは痛いほどわかる、何とかしてあのひどい街宣をやめさせたい。だけどそこに突っ込んでいけば、在特会らに囲まれ、暴行を加えられる可能性がある。そして在特会らのメンバーは、それを楽しそうに撮影し、その動画に「朝鮮人はこんなに暴力的だ」といったコメントを付けてネットで晒《さら》し、嗤《わら》い合うだろう。多数のひどいコメントも一緒にきっと並ぶ。

なすすべもなく横断歩道の向こう側を眺めていたら、弁士が少女に変わった。なんて幼い子だろう、そう思っていた矢先に、その少女は冒頭のように語り出した。

「鶴橋に住む、在日クソチョンコのみなさん、そして今ここにいる日本人のみなさん……」

少女の周りにいた大人たちはその時、少女の街宣に合わせて「そうだ！」と叫び、煽《あお》りつづけていた。誰一人として止めようとしなかった。この動画は世界中に拡散され、問題になった。差別することで大人たちにほめられる、本当にお

2013年２月24日、鶴橋にて。（撮影著者）

ぞましい団体だ。その場にいた愛国矜持会《きょうじ》（右派政治団体）の竹井信一氏に、私はその後ツイッターを通じ怒りをぶつけた。

「国を愛する、矜持を保つことが、在日を虐殺しろと中学生に叫ばせることなのか？　君らは、群れて他者を侮辱《ぶじょく》してるだけ。差別することだけが楽しくて目的になってる人たちが、日本社会のために何ができるというんだろう。他者を踏みつけ、在日を悪として正義の味方気取りとは滑稽《こっけい》だ」

ただただ、体も心も冷えた1日だった。

在特会らのデモと街宣は、当事者としてはしんどかったけれど、その場にいることに意味はあったと、今あらためて思う。この日の鶴橋ではたくさんの人に話しかけられた。74歳という在日の男性は、今まで生きて来てこんなにひどいものをここで見たのは初めてだ、と言って立ち去った後、何度も戻って来た。その悔しさを伝えるのが私の仕事なのかもしれないと、感じ始めていた。

この時の動画を、私はその後何度も見た。そのたびに、泣いてしまう。こんな年の離れた子どもの言葉でも、いや、子どもの言葉だからこそなのかもしれないが、いい年をしてちゃんと傷つく。それがヘイトスピーチの怖さだ。

猫耳を付けて絶叫していた少女。路上で猫耳の女の子を見かけるたびに、街中ですれ違うたびに、ドキッとして振り返る。友人に「どうしたの、知り合い?」と聞かれて、「ああ、見間違い」とあいまいな返事をする。そしてこの日のことを思い出して、心の中は真冬に戻る。

彼女は今、どうしているんだろう。心配する自分がバカなのかと思って、また泣く。この少女は、自分の息子と同じ年齢だった。

神鷲皇国会のS少年

２０１３年2月24日、あの「鶴橋大虐殺を実行しますよ！」と中学生の少女が叫んだ街宣・デモが始まる前、私は在特会らの集合場所となっていた真田山公園へと一人で向かった。

真田山公園までの道は懐かしかった。小学生の頃、創価学会の関西少年少女合唱団に在籍していて、毎週末には鶴橋駅からてくてくこの道を歩いて練習会場の会館に通っていたのだ。今は音痴で鼻声だけど、昔は歌が上手だった、と思う。

そこではいつも、「強く負けない勇気の人に」と言われた。私は今、そういう大人になれたのかな、と思いながら歩いていた。子どもの頃には遠いと感じた道のりも、大人になればあっという間。予定よりも早く到着してしまった。真田山公園の中では、差別デモに参加する人々がベンチに座ったり、仲間らしき人と談笑したりしていた。一人ひとりは普通の人に見える。

鶴橋のデモに参加した在特会や排外主義グループの人たちがたった一人になった時、何かができるとは思わない。公園に着いた時、怖い気持ちはあったけれど、自分のほうが何もない分、強いような気がした。それは、下味原の交差点でカウンターの横断幕を見たせいもあると思う。ヘイトでつながるような仲間なんかいらないと、そう思いながら公園に入り、そこを横切った。

「チャンネル桜や！」という声も上がった。それは少し違う、私はただの出演者だ。

私を見つけた神鷲皇国会《しんしゅうみくにかい》のS少年からは、ブスとか何とかいう声がうるさかった。公安も驚いて、「あなたは関係者か？」、「あんなのほっときなさい」と声をかけてくるほどだった。

彼に対してはその後にツイッターで「デモが始まる前に、しょうもない罵声を浴びせてきましたよね。一瞬、チンピラかと思い怪訝《けげん》な顔をしました。民族団体を名乗るなら、ああいう言動は恥ずかしいからやめといたほうがいいですよ。あなたにはそういうことを注意してくれる人もいないんですね、可哀想だ」と言葉を交わしている。

デモについて回っている時もひどい罵声を浴びたが、（自分よりずいぶんと年上の）女性から「ババア」と言われることは、男性からのそれよりもきつい。男性が罵声を浴びせると、一緒になって笑う女性もいた。男性と一緒になって外見を罵倒し、貶《おとし》めて。それは自分の一部を踏みにじるのと同じことだと、なぜ気がつかないいんだろう。

その後、「24歳で会社経営」と名乗っていたS少年は、恐喝などの容疑で逮捕され、少年院へと送られた。この時、わずか18歳だった。逮捕のしらせを、私は友人たちと集っていたホルモン屋で聞いた。友人たちは「逮捕か」、「18歳だったとは」、「これで神鷲皇国会も終わりや」と口々につぶやいた。私は、驚きながらビールを口に運んだ。ものすごく苦かった。飲んでも飲んでも酔わなかった。一足先に店を出て、そして思わず安田浩一さんに電話をした。

「神鷲皇国会のSが逮捕されたって。安田さん知ってる？」当然、安田さんは知っていると答えた。

「あの子、大丈夫なんやろか。まだ18って聞いて、びっくりした。助けてくれる仲間はいるの？

「一人で怖くないの？」

安田さんを問いつめるかのように一方的に話しながら、途中で泣きだしてしまった。なぜ泣いているのか、自分でもわからなかった。

２０１４年の春から、私は大阪のある地域に住む外国人の子どもの学習支援にボランティアとして通っている。その場所は、Ｓ少年がかつて住んでいたエリアと重なる。どんな気持ちでこの街に暮らしていたんだろう。ちゃんとした大人が周りにいなかったんだろうか。毎週通いながら、彼とすれ違う日が来ないかと思ったりする。その時、自分は彼にどんなふうに声をかけるんだろうか。

「おなか減ってない？」きっとそう言うと思う。

院内集会と「元在特会」の告白

2013年5月7日、参議院議員会館で行われた院内集会、「差別主義・排外主義によるデモに抗議する第2回国会集会」でのこと。関西在住の30代の青年が指名されて発言に立ち、「自分は過去に在特会らと行動を共にしていた」と告白した。

彼は在特会を長く追いかけて来た「ウォッチャー」と呼ばれる存在で、自らを「ヲ茶会」と名乗っていた。私も傍聴に通っている京都朝鮮学校襲撃事件の裁判に、彼も頻繁《ひんぱん》に傍聴に訪れていた。

私は2012年12月に開催されたあるシンポジウムのあとの忘年会で、彼と初めてリアルで会った。ネット上ですでに知っていたので、すぐに打ち解けて仲良くもなった。

お互い電話魔だったし、そこでは在特会や裁判についてはもちろん、とりとめもないくだらないこともよく話した。一緒に飲みに行っては悩みや差別のつらさを吐き出したりもした。

それだけに、この話をあとで聞いて、「許せない」と思った。

この院内集会後、ツイッター上では「元在特会」と告白した青年を称えるコメントが続いた。「自分は前から知っていた」とのコメントも、どこか得意気に見えて気持ち悪いと感じた。

「みんなは許すだろう。だけど、私は心が狭いから『今は』許さない」と私はツイートした。

院内集会での〝告白〟の朝、彼からメールが来ていた。「集会が終わったあと、話したいことがある」と書いてあった。この日は依頼を受けていたインタビューのために、私はアジアプレスの大阪事務所にいた。作業を終え、息抜きを兼ねてツイッターを見た。すると、院内集会後に彼の周りに人だかりができ、たくさんの報道陣に名刺を配っているというツイートが流れてきた。

いったいどういうことなのかわからなかった。私も数日前に彼から刷り上がったばかりの名刺をもらっていた。しばらくして、名刺を作ったのはこういうことだったのか、と納得した。

2月の鶴橋でのヘイトデモがあった日、「友だち守る団」団長の凜七星氏は、「ヲ茶会の野郎がさ、昨夜泣きながら俺に告白するんだもんな」と話していた。「何の話？」と私が尋ねると、氏は「えっ、あ、男同士の話」と、あわてて誤魔化した。

そのあと本人に「泣きながらって、何かあったの？」と尋ねると、「ああ、それは……」とすごく暗い顔をして、口ごもった。

それで、私は察した。日本人の男性が、カウンターをしている在日に泣きながら告白する、どんな内容かピンと来ないほうがおかしい。

もし、この話を院内集会の前に彼から直接聞いていたなら、「2月から気づいてたよ」と、笑って許せていたかもしれない。

数日前に神戸であった朝日新聞のシンポジウムで、泣いている私を心配そうに見つめていたのは何だったのか。院内集会に行かなくてよかった。よく呼べたものだと毒づいた。私は、目の前の壁に貼っていたそのシンポジウムの案内葉書をずっと見つめていた。安田浩一さんはその日の講演で、「在特会の会員やネット右翼の胸ぐらをつかんで、対話して、そして抱きしめる」と話した。その話を聞いて、私は何であんなに泣いたのだったか。

シンポジウムの前にはヲ茶会くんやみんなと中華粥を食べて笑いながら話し、いろんなことを考えた。すごくいい1日だった。あれからまだ1週間も経たないのに、遠い過去のことみたいだ。

「元在特会ってことをちゃんと話してくれなかったこと、それを結局は人づてで聞いたこと。それらについて、裏切られたと思った。そしてつらかった。人として最低のことをしておきながら、まともな人間に戻っただけで喝采を浴びるのはおかしい」

「本当は、傷つけた人や、黙っていたことを当事者に謝る方が先じゃないのか。自分は前から知っていたと得意気に話す人たちは、まず私やそのほかの在日、朝鮮学校の裁判の関係者にきちんと謝れと何故言わなかったのだろう。普通の大人なら、そうするはずだ。秘密を共有して、さぞかし楽しかっただろう」

「彼と友だちだった。私が在日だから、彼は元在特会ということを言えなかったのか。それとも、告白するに値しないぐらい軽い存在だったのか。友だちなら許すべきか。昨夜はずっと考えていた。彼は、大切な友だちだった。彼も、きっとそう思ってくれていたはずだ。だから、許さない」

私はツイッターで、吐き捨てるようにつぶやいた。

「そして、元在特会の彼の話を、絶対に美談になんかしない。そして許さない。彼の『勇気』を褒《ほ》めない。それが友人を裏切った彼への罰だ。許さないことの方がつらいけど、これが友情だと思っている」

書きながら泣いていた。

その後、鶴橋の駅前にあるホルモン屋の「茂利屋」でばったり彼と遭遇した。その少し前にはドーンセンターでも鉢合《はちあ》わせしたが、その時は顔を見るのも嫌だったので席を外した。彼が茂利屋の玄関で土下座を始めたので、とりあえず店の外のガード下に連れ出した。

ガード下では、いろいろあったが……、エレガントが売りの私なので、何があったのかは深くは書かない。ただ、「助けてください」というヲ茶会くんの悲鳴と、謝罪は聞いた。

けれど、許したわけではない。彼は今でも相変わらずお調子者でいて、カウンター界隈ではその言動をたしなめられたりもする。右に振れた振り子が左に振れただけで、彼の本質的な部分は変わらないのかもしれない。

彼に、その後も聞いた。「なぜ、先に話してくれなかったの?」と。「リンダさんに、一度聞いたことがあったよ。元在特会だった人を例に出して、『どう思う?』って。そしたらリンダさんは『許さない』と。だから、言えなかった」

いいところもあるし、許せないところもある。面倒くさいけど、やっぱり放っておけない。それが、友達というものなのかなあとも思う。

シンポジウムがあった5月3日、彼からボールペンをもらった。安田さんと3人おそろい。いい年して、おそろいってキモい。でも、今でも使っている。

この一件では深く傷ついたが、考えることも増えた。在特会や排外集団から抜け出た人を、受け入れ、許すことはできるのだろうか？　その後も「東京大行進」や関西のカウンターに参加し、実は在特側にいたと告白した女性などに出会った。

差別は今の日本では犯罪として裁かれることにはならないけれど、裁かれない分、きちんと贖罪《しょくざい》したり禊《みそぎ》を済ませたりする機会もない。許すことも、許されることもないあいまいな状態で、わだかまりを抱えることも多い。


その後、京都朝鮮学校の裁判の傍聴に行った際、朴貞任《パクチョンイム》オンニが「ヲ茶会くんといろいろあったみたいだけど大丈夫？」と声をかけてくれた。

貞任オンニは、在特会らの襲撃に遭った京都朝鮮第一初級学校の「オモニ会」（母親会）の元会長さんで、親しくしていただいていた。貞任オンニは、裁判傍聴によく駆けつけるヲ茶会くんのことを気にかけていた。それだけに、私はオンニがこの話を知ったときの思いを察して、胸がつまった。

「友人たちにも慰めてもらいました。『無防備に扉を開けて、誰でも受け入れるから傷ついたんじゃない？』と言われた。アホやからしゃあないです」と私は答えた。

貞任オンニは、「朝鮮学校や私ら在日は、みんなそうや。人を信頼しきって扉を開けっぱなしにしていたら、在特会が来た」と言った。そして、「いったんは閉めようかと思ったけどな」と続けた。

「でも、やっぱり私らは扉を開けとくんですよね」と私が言うと、

「そうやねん」と貞任オンニは笑った。

大好きな茂利屋は、行くたびにお店を急がしそうに切り盛りするオンニが「いらっしゃいませ」ではなく、「おかえり」と言ってくれる。ネット右翼や在特会、排外主義から抜け出した人に「おかえり」と言ってくれる人や場所が必要だと、ずっと思っている。そして、やっぱり私は扉を閉めない。

在特会・桜井誠会長への突撃取材@神戸

「オンニ、泣きすぎ。隣にいる私までつらくなる」

脱北者（朝鮮民主主義人民共和国から中国、韓国へと脱国した人）で、日本の大学を卒業したリ・ハナちゃんが私を心配そうにのぞき込みながら声をかける。別の作業をしていた韓国人のスタッフの男性、日本人の記者も私の後ろを通るたびに肩をたたく。

「信恵さん、3カ国の人らから慰められててどうすんの。無理ないけど、しっかりし」アジアプレスの石丸次郎さんが諭《さと》す。言葉にできないほどの苦労をしてきたすごく年下の脱北者に心配される自分って何だ？　でも、この頃は毎日涙が止まらなかった。

この数日間に起こったこと——院内集会でのヲ茶会くんの告白や、差別街宣での桜井会長からの罵倒——などを思い出しては泣いて、また吐いていた。

どんどん痩せてやつれていく私を見て、友人たちは心配そうな顔をする。石丸さんの事務所からの帰り、大阪・天満、中崎町にあるラテンバーの「ソンリサ」に行っては、龍谷大学の岸政彦さんや、そのパートナーの齊藤直子さん（おさいさん）の前で泣いていた。

あんまり泣いてばっかりでもあれなので、「大丈夫、レイシズムダイエットや。〝あなたもこの街宣を聞くと、みるみる痩せる〟ってコピーで、DVD付きムックでも出そうかな」と軽口を叩いて笑わそうとしたら、岸さんからは「売れへんわ」と返事が返ってきた。そうやろな。

あるヘイトクライムに関するシンポジウムに参加した時、直前に岸さんに「カウンターに参加するリンダは、格好よく強い女性に見えるだろう。でも、ヘイトスピーチを前に傷つく、普通の人間だっていうことをちゃんと伝えなきゃあかんとも思う」と言われたことがあった。今までそんなことを言ってもらったことがなかったので、ちょっと泣きそうになった。

自分は、ごく普通の人間で、強くない。カウンターの時もいつも怖い。でも、弱音を吐く場所とか、ほとんどなかった。岸さんたちと飲んでいる時だけ、泣き顔を見せることができた。おさいさんは、私のほうが年上なのにお姉さんみたいだったりする。こんな酔っ払いの妹、迷惑かもしれんけど。

2013年5月5日、神戸・三宮で、排外主義団体による街頭宣伝、「三ノ宮定例街宣『韓国、北朝鮮への幻想的迎合を捨てろ！ 我々日本人は冷静に韓国朝鮮人の正体を知ろう!!』」が行われた。この街宣には在特会の桜井誠会長も参加すると聞き、私は三宮センター街東口まで足を運んだ。この日私は、「ラジオフォーラム」のレポーターとして、排外主義や差別煽動を取り上げる番組づくりに参加していた。

「ラジオフォーラム」は、多くのリスナーに惜しまれながら2012年9月28日に放送を終了した大阪MBSの報道ラジオ番組「たね蒔きジャーナル」の精神を受け継ごうと、2013年1月から始まったラジオ番組だ。

映画監督のヤン ヨンヒオンニから「私が最も尊敬するジャーナリストの一人」と紹介していただいた石丸次郎さんから、同番組のレポーターをやってみないかと誘っていただいたのだ。

「面白そう」好奇心旺盛な私は、わくわくしてすぐに引き受けた。が、いきなり橋下徹大阪市長への突撃インタビューを任されて、仕事の甘さとか足りないところをいっぱい指摘され、へこんだりもした。でも石丸さんは、鶴橋や日本橋や千日前での差別排外デモにも駆けつけてくれ、勇気づけ、安心させてくれる。

なにより、こんな差別街宣や排外デモを許さないと、いち早くラジオという大きなメディアで取り上げてくれたことがうれしかった。予告編を放送して以来、ひどい嫌がらせもあったと聞いた。それだけに私は何とかいいインタビュー、話題となる大物の肉声をとりたいと思っていた。

街宣の予定時刻となった。カウンター側は警官隊によって商店街の入り口側に封じ込められ、身動きできない様子だった。桜井会長に先立ち、何人かの弁士が登場した。彼らの口からは、「在日コリアンが戦後暴動を起こした」とか、「パチンコマネーが北朝鮮に送金されている」などといった、お決まりの「主張」が繰り返された。

その後、遅れて桜井会長が到着。参加者らと打ち合わせを済ませたあと、マイクを握った。

「この街宣をやってる途中に邪魔した馬鹿が今、兵庫県警にひっぱられた。この国には表現の自由がある。きちんと許可取ってやってる分には、街宣を邪魔されるいわれはない。逮捕されて楽しいか、このバカたれが！」

自己紹介もあいさつもなく、いきなりヒートアップした調子でまくしたてた。周囲はあっけにとられ、何が起こったのかと桜井会長に一気に注目が集まる。「つかみ」はOK。やっぱりこういったパフォーマンスはうまいなと感じる。

その後、桜井会長による5分間の街宣が行われたが、最初の2分20秒は私への罵詈《ばり》雑言《ぞうごん》に終始した。この街宣の取材に来ることは伝えていなかったのだが、途中で私を見つけたのだろう。よくとっさにこれだけのことを機転を利かせて言えるよな、すごいと思った。なんだか芸人みたいだ。「差別芸」、そんなのあるのか？

「はい、こちらは李信恵さんを称える市民の会でございます。今日はようこそいらっしゃいました李信恵さんね。私ね、あなたにひとつだけ感謝していることがある。みなさん、ここにいる朝鮮人のババアね、反日記者でしてね。日本が嫌いで嫌いで仕方ないのはそのピンク色のババアです。このババアね、サーチナとかね、いろんなところに日本を批判する記事を垂れ流してくれている」

「でもね、私一つだけ感謝しているんですよ。このばあさんのおかげでね、このピンクのババアのおかげで今日本中がね、韓国に対する見方を変えて来たんですよ。北朝鮮は確かに論外です、あんなふざけた国はありません。しかしながら、韓国につ

神戸市三宮で街宣をする在特会・桜井誠会長（撮影著者）

いては多くの人が誤解してる。話せばわかる、韓国人だったら話せばわかると思ってる人いるでしょ。わかるわけねーだろーよ。我が国の国家元首である天皇陛下まで侮辱《ぶじょく》してね、こんな連中にいったいどんな風に話せばわかるんですか、教えてください？」

「挙句《あげく》の果てに、韓国の朴槿恵《パククネ》大統領は千年間反日を続けると公言したんですよ。これから先千年間日本人をうらみ続けると公言したのが朴槿恵という女ですよ。どうやって仲よくできるんですか？できるわけねーだろーよ。それをね、日本人はみんな誤解している。韓国人は話せばわかるという誤解をね、解いてくれたのがこの李信恵さんですよ。私ね、あなたをほめてるんですから。人がほめてる時はもう少しうれしそうな顔をしなさい。プデチゲみたいな顔をしてこっち睨《にら》むんじゃないよ」

この当時桜井氏は、私の顔をプデチゲ（韓国の鍋料理。プデとは部隊を意味し、韓国軍が食べた鍋。軍の放出品のスパムなどが入っているためそう呼ばれるようになったとの説がある）のようだと罵倒するのがお気に入りの表現だったが、あいにくプデチゲは美味しい。

腹は立つが、ずっと怒っていては美容に悪い。なんとか笑い飛ばそうと、この数日後に鶴橋の「まだん」という韓国料理屋に行って、プデチゲをオーダーした。とは言いつつ、街頭であれだけ罵倒されると、しばらくは眠れないほど暗鬱《あんうつ》とした気持ちになる。美味しそうなプデチゲも、まったくのどを通らなかった。

あるカウンターの男性からは、この日のことについて、「取材だから平気だと思っていた」と言われた。三宮街宣の直後、「友だち守る団」の団員からメーリングリストでカウンターの報告が届いたが、そこには「……登場した高田氏（桜井氏の本名）が、そこにいた在日女性ライターを名指しで罵倒するなどいくつかやり取りがありましたが、大きなトラブルはなく終了しました」とあった。

眠れず吐くほどの罵声を浴び続けたけれど、それは「大きなトラブル」ではなかったそうだ。男性なら、容姿について罵倒されることは少ない。この日は何度も「朝鮮人のババア」と言われた。在日で女性であると、複合的な差別を受けることになる。こういう痛みは、カウンターの仲間うちでもなかなか伝わらないものだなと、このとき実感した。

桜井氏はその後、「北朝鮮が日本に対して核ミサイルを撃ち込むと言ったが、在日の中に朝鮮総連を通じて抗議したものはいない」、「そんな国とは国交断絶あるのみ！」などと叫んだ。

すべての弁士の演説時間を計ってみたが、桜井会長だけが罵声も含め、こういった内容を5分きっちりで語った。人々の憎悪を煽るのが彼の仕事だ。その実践的舞台である街宣の場に備え、彼は練習に練習を重ね、準備を整えていると聞いたことがある。鏡に自分の姿を映しながら、街宣の練習に励む桜井会長。その姿を想像したら、なんともいえない孤独感が漂っていた。

この日は在特会らと近しい愛国矜持《きょうじ》会代表の竹井信一氏からも話を聞いた。私は2013年2月からこの5月までに、差別排外デモについて、大阪・東京のカウンター行動参加者をはじめ、京都朝鮮学校襲撃事件の関係者、地元の人、在特会や「行動する保守」系の人など、すでに200人以上と会ってインタビューを試みていた。その多くが現在の状況について、「差別を育てる土壌が日本にある以上、在特会的なものはなくならないのではないか」、「死ね、殺せと言わなければいいと思っているだけ。（逮捕者が出たことで）参加者が減ったのは、逆風が収まるまで大人しくしているだけで、根本的なところは変わっていないのでは」と答えた。京都朝鮮学校元オモニ会の朴貞任《パクチョンイム》オンニは、「なくしていかなければと思うが、本来それは、日本社会と日本人の仕事ではないか」と話してくれた。

こうした悲観的、後ろ向きな意見が多数を占める中、この竹井信一氏の回答は、私に一縷《いちる》の希望を与えるものだった。なんという皮肉だろう。彼はこう言った。

「今がピーク、あとは何らかの形で（在日コリアン側と）歩み寄っていく。それを今、僕も考えている。歩み寄るというか、ほんまに仲良くせなアカンと思うんですよ、仲良くできる範囲で。その仲良くできる範囲を今、僕は探している。個人的な考えだけれども。中にはそんなことはできないという人もいるが、それをまとめる人が必要。（お互いの団体に）そういう方がいないので、そういった人が出てくれば（差別排外主義の活動は）なくなると思いますよ」

在特会と近い立場の人から、こういった意見が出たことに驚くとともに、光が見えたようにも感じた。それだけ、自分の精神状態がひどい状況だっただけなのかもしれない。彼がどこまで本気で言っているのかもわからない。なおかつよく考えれば、竹井氏の回答には疑問も残る。「お互いに歩み寄る」とはどういうことなのだろうか。在日側からすれば、ありもしない「在日特権」を理由に一方的に罵声を浴びせられているだけだ。

ただ、対話のチャンネルは残しておかなければと私は思っていたし、今でも思っている。在特会側と対話することにはさまざまな方面から反発もあるし、自分自身も葛藤を抱いている。「竹井氏と対話を続けることに意味はない」、「八方美人」、「排外主義者の広報でもするつもりか」などの意見も頂戴した。チャンネル桜（「日本文化チャンネル桜」。右派保守系の映像番組を製作、衛星やネットで放送している）に出た時も同じようなことを言われた。

でも私は、不安だから、わからないから聞きたい。在特会や行動する保守の人々の多くは、少なくとも外見はみんな普通の人だった。ずば抜けて目を引くような容姿の人も、特別な経歴の人もいない。でも、何かを超えてしまった人たちでもある。ふだんは普通に「いい人」なのかもしれない。それが「朝鮮人は死ね、殺せ」と叫ぶレイシストに豹変する。それこそが怖いのだ。

怖い半面、すごく知りたい。彼ら・彼女らを憎悪へと駆りたてているものが何なのかを。


その後、私は街宣を終えた桜井会長にインタビューを試みた。すべての街宣が終わると、私は彼に近付いていった。街宣の冒頭で自分が罵声を浴びせていたその相手が、まさかインタビューを申し込んでくるとは彼は思わなかっただろうが、せっかくのチャンスにコメントを取らなくては石丸さんにしばかれるし、私はライターだ。

「今日はこのぐらいにしといてやるか」などと笑いながら参加者と談笑していた桜井会長に、「インタビューしたいんですけど、いいですか？」と背後から声をかけた。

振り返った桜井会長は声を荒げた。

「まず私に謝罪しなきゃだめじゃないか！」

以前私が書いた、彼らの新大久保でのデモについての記事がデマであり、謝罪しろというのだ。

いろいろ調べたうえで記事を書いており、デマではないと思うので謝罪はしない、と伝えたところ、

「真実かどうか証明できない記事はでたらめだ、ありもしないことをさもあったように言うのは誹謗《ひぼう》中傷だ」と桜井会長は激昂《げきこう》した。

私は「在日特権というありもしないことを言うほうがでたらめだ」と返した。

桜井会長は、「入管特例法は特権だ。漢字で特別法と書く。特別法とは特権のこと。あなたは日本人じゃないから漢字がわからないのかもしれないけど。漢字の勉強をしなさい、小学校からやり直して。以上！」と一気にまくし立て、一方的に話を終わらせてしまった。

「入管特例法」とは、正式には「日本国との平和条約に基づき日本の国籍を離脱した者等の出入国管理に関する特例法」といい、１９９１年にできた法律だ。

日本の植民地支配によって強引に日本国籍に編入された朝鮮人たちは、強制連行や生活苦による出稼ぎなどの理由で日本に渡った人たちも多かった。戦後日本に残った朝鮮半島出身者は、当事者の意思とは無関係に一方的に「外国人」とみなされ、「日本国民」としての諸権利も剝奪され、日本国籍を喪失させられた。「入管特例法」は、そんな旧植民地出身者への、日本政府の人権上の配慮を欠く長年の政策的不作為に対する、最低限の法的措置でしかない。

この「入管特例法」によって旧植民地出身者に与えられたのが「特別永住」という滞在資格だ。これについても関西学院大学の金明秀《キムミョンス》教授（計量社会学）は、「あくまで『外国人』の中では比較的安定的な地位であるということにすぎない」とし、「『特別永住』というと何か『特権』であるかのような響きも感じられるが、じつのところ退去強制（場合によっては一度も足を踏み入れたこともなく、言葉も分からない「祖国」へ）の対象になりうるなど、『権利』とは程遠い、単なる滞在資格の一つにすぎない。しかも、ひとたび日本を出国すれば、自宅のある日本へと入国するために『再入国許可』を得なければならないなど、けっして安定的な地位ではない」という（「特別永住資格は『在日特権』か？」SYNODOS、2014年10月22日付　http://synodos.jp/politics/11245）。

歴史的経緯をすっぽり抜かして特例法を「特権」などと叫ぶのは、愚かしいとしか言いようがない。

差別する理由を必死で見つけようとする桜井会長。それはいったい何のためなんだろう。

1月の記事に続き、今回のインタビューでは桜井会長をさらに刺激し、彼の何かに火を付けたようだ。ライターだしね。

桜井会長とは別の場所で再び会うことになる。2014年1月には東京の六本木で、そしてきっと同年の秋からはもっと頻繁に。そう、私は14年8月18日、彼と在特会などを相手取り民事裁判を起こしたのだ。それについてはまた後述したい。

「在日特権」はあった？

「在日特権ってあるのか？」とよく聞かれる。一言でいえば「あるわけがない」。日本において、日本人以上に優越的な権利を有した外国人などはいない。一つの例外を除いて。その例外とは「在日米軍」に属する人々だ。

それは沖縄に関するニュースを見れば明らかだが、ネトウヨと呼ばれる人々はなぜかそこから目をそむける。ネトウヨは差別できる自分より下の存在を見つけたいから、その点で米軍は都合が悪いのだ。最近では露骨に在日米軍に感謝したり歓迎の意思を表明しながら擦り寄り、名護市辺野古の新基地建設に反対する沖縄市民に嫌がらせをするような「行動保守」のグループも存在する。

話を戻すと、彼らの主張する「在日特権」とは、「特別永住資格（入管特例法）」、「朝鮮学校への補助金」、「在日コリアンは生活保護を受給しやすい」、「通名制度」、この4つらしい。

入管特例法については48頁で説明したとおりだが、歴史や事実に裏打ちされたまっとうな言論や声が彼らに届くことはない。なぜなら、彼らはただただ差別がしたいだけだから。

本当なら差別は恥ずかしくみっともないこと。でも差別することは快感でもあるらしい。何かが一瞬でも満たされるので、彼らはそれをやめられない。快感の後の虚しさを補うための「理由」が必要になるのだろう。その理由付けが、ありもしない「在日特権」なのだろうと思う。

なお、在特会らの言う「在日特権」については、野間易通さんの著書『「在日特権」の虚構――ネット空間が生み出したヘイト・スピーチ』(河出書房新社、2013年)で、歴史的経緯も踏まえて「そんなものはない(あるかボケ!)」と詳細に検証されているので、ぜひ読んでほしい。在日側からこの本が出なかったのが悔しいが、その反面、日本人が書いてくれたことが私はうれしかった。在日と日本人がキチンと出会えている本だし、この本の出版がこれからの運動の支えにもなる。

しかし残念なことに、ネット上には今でもしょうもない笑い話があふれている。在日コリアンでありさえすれば、「年に600万円が支給される」、「働かなくても生活できる」、「各種税金や相続税を払わなくてよい」、「医療や光熱費、家賃が無料」、「住宅費が5万円まで補助される」といったデマ話だ。

これが本当なら、今後私は取材のたびに交通費の心配をして狭い夜行バスに揺られることもなくなるだろう。朝鮮学校に子どもを通わせている母親が掛けもちで仕事をもつ必要もないだろう。体の悪かった私のアボジ(父)が死ぬ数日前まで小さな工場で必死に働くこともなかったろう。一世のハラボジ(おじいさん)やハルモニ(おばあさん)が無年金訴訟を起こす必要もなかっただろう。

年に600万円、月にすれば50万円。ありえない。少しでも福祉や社会運動を学べばわかる話だ。貧困や生活保護世帯の実態を知らない無知が、デマを本当のこととして受け入れさせる。

「働かなくても生活できる」のは、権利収入などがあれば日本人でも同じこと。「各種税金や相続税を払わなくて良い」というのは、自治体によっては個人の事情によって減免措置がとられる場合があることを指すものと思われる。「医療や光熱費、家賃が無料」は、生活保護を受けている場合は保護費から支払えば実質的には無料、ということを拡大解釈したものなのだろう。「住宅費が5万円まで補助される」というのは、自治体によって額は異なるが、生活保護世帯なら当たり前のことだ。いずれも在日だけの優遇措置ではない。

在特会らはこれらの多くのデマを寄せ集め、ビラなどを作成して新大久保や街頭などで配布している。詐欺師の詐欺がバレないのは、そこにほんの少しの真実をちりばめるからだ。それは山野車輪氏の『マンガ嫌韓流』(晋遊舎、2005年)の手法と同じ。無責任なところも一緒だ。

しかし、なぜ彼らはそのようなデマを信じてしまうのだろう。怖いのは、個人の心に、この社会に、それを「信じたい」と思わせる土壌があるということ。それが一番の問題なのではないだろうか。これは無意識の「差別する理由探し」なんだろうと思っている。

＊

私は「#在日特権」というハッシュタグを付けたつぶやきを、画像とともにツイッターに投稿することがある。それは、友達と一緒においしい料理を食べた時に限ってだ。

食卓にキムチとぬか漬けが一緒に並ぶこと、チョゴリも振り袖もそれぞれ美しいと思えることは、日本に生まれた特権だと思っている。

初めて行ったホルモン屋や在日がオーナーの店などで、自分もまた在日であることを明かすと、1杯のマッコリや料理のサービスとともに、そのオーナーの苦労話が付いてくることがある。それは、日本人では味わえない味であり、思いだ。

そして差別を笑いに変えるたくましさをもつこと、粗末な食材で築かれた創造的な食文化があることなども、マイノリティの特権かもしれない。

ただしこれは、日本人やマジョリティも享受できるので、厳密に言えば「在日」のみの特権ではない。

私と一緒に在日特権を味わいませんか?

「しまふくろう」事件

「大阪府警は（13年）7月3日、在日韓国・朝鮮人の排斥を主張するデモを批判したフリーライターの女性（当時41）を脅したとして、脅迫容疑で東京都品川区戸越、会社員の男（同28）を書類送検した。送検容疑は、2月11日、女性が開設したインターネット掲示板（ツイッター）に『良い朝鮮人も悪い朝鮮人も追い出そう。女性は殺そう』などと書き込み、脅した疑い。府警によると、男は『デモを批判する女性の記事を読み腹が立った』と容疑を認めている。（略）男は『在日特権を許さない市民の会』のメール会員という。同月9、10両日に新宿区などで行われたデモに参加しており、女性はニュースサイト『ガジェット通信』にデモを批判する記事を寄せていた」

多くのメディアで報じられたこの事件、訴えたのは私だ。会社員の男はツイッターで「しまふくろう」を名乗っていた。「ガジェット通信」の担当者からは、「被害者なのに、年齢まで出て大変ですね」との慰めの言葉をいただいた。「サバを読んでいたわけではないし、大丈夫です」と返した。つーか、そこかよ。

13年2月9日にしばき隊が登場し、その取材に新大久保へ出かけた。心が凍りつきそうなデモを見た翌々日に、私のツイッター上に現れたのがこの「（李信恵を）殺そう」の言葉だった。２００人以上の人々が、路上で笑いながら「朝鮮人を殺せ」と叫んだ。私は、ツイッターを見ながら、「きっとこのままでは本当に殺されてしまう」と思った。

それが現実になる前にと、すぐにネットからサイバー警察に通報し、その後何度も警察に足を運んだ。それ以前にも別の件でサイバー警察に通報したことがあったが、その時はいくら待っても連絡がなかった。今回も警察はなかなか動こうとしなかった。少し前にネットが絡む事件で誤認逮捕があったことも影響してか、慎重だった。

ここで泣き寝入りはしないと私はしつこく連絡し、ツイッターでも警察に行ったことを書いた。その直後に連絡があり、捜査に入った。警察からは「ツイッターに捜査状況について書くことや情報を漏らすことは犯人の証拠隠滅につながるのでやめるように」と言われた。

「なかなか動いてくれないのでしびれを切らして書いた。二度と書かない代わりにしっかり捜査してほしい」と言い返した。気がきついなあと自分でも思うが、必死だ。

そうしてやっと被害届が出せたのが5月。確実な証拠やさまざまな背景を積み重ねなくてはいけないことはわかっているが、それからももどかしい状態が続いた。警察に行くたび、自宅に事情徴収に来るたびに、「日本人ならネットで殺害予告されればすぐに犯人は逮捕される。けれど朝鮮人は本当に殺されるまで何もしてくれないのか?」と訴え、そして泣いた。

及び腰だった警察が突然動き出したのはなぜか。私はカウンターの影響や世論の変化、国会などでの対応が後押しとなったのは確かだと思っている。抗議の声が大きくなるにつれ、それが自分の支えにもなった。警察に行く時の何とも言えない怖さやつらさも、乗り越えられた。

私が警察に訴えることで、娯楽のように〝のり〟で繰り返されるネット上での差別や殺害予告の歯止めになれば、と思っていた。実際「しまふくろう」氏は殺害予告から2日後の2月13日に、「のりで呟《つぶや》いたことで人を傷つけてしまったので責任と反省の意を込め当アカウントを近日削除します。関係者の皆様誠に申し訳ありませんでした。〇〇」とツイートしている（〇〇は「しまふくろう」氏の本名）。

私はこのツイートを警察に訴えた後になって知り、「人を殺せと呼びかけることを〝のり〟で済ませてしまう」ことについて、さらに背筋が寒くなったことを覚えている。

しかし矛盾するようだが、被害者である自分がまるで加害者であるかのような錯覚におちいった時期もあった。「これで良かったのか」、「ほかに方法はなかったのか」と後悔すらしていた。傷ついたことを消化できなかった。もう一人の自分が「訴えたことは間違いではない」と言い聞かせていたが、またしても不眠と嘔吐《おうと》が続いた。

その理由は、お互いがマイノリティだったからだ。当初、彼の名字から沖縄出身者ではないかと推測はしていた。しかしいざその事実に直面すると、なぜマイノリティ同士がこんなことになるのかと、耐えきれなかった。事件後、彼は東京の住まいを引き払い、実家に戻ったとも聞いた。

3月に逮捕された神鷲皇国会《しんしゅうみくに》の当時18歳だったS少年のこともたびたび思い出していた。ネットで殺害予告をした「しまふくろう」氏と同じく、彼らをブログや街宣やデモの現場で称え煽った在特会の桜井誠会長や瀬戸弘幸氏（排外右派の政治活動家）らリーダーたちは、事件後は無関係を装い、口をつぐんだままだ。その後ものうのうと排外デモや差別街宣を繰り返し、まるで彼らの存在などなかったかのように忘れ、動画の向こうで笑っている。

「しまふくろう」書類送検の事実が一斉に報道された後、ほっとしたのはつかの間だった。ネット上での私への嫌がらせはその後もさまざまな形で続いており、すぐには終わりそうもない。毎日のように投げかけられる言葉の向こうにいる人にあきれ、腹を立てながらも、それでもいつも心のどこかで心配している自分がいる。そんな自分をバカだと思うが、ネトウヨと呼ばれる人々と、逮捕された2人の青年の姿を重ね合わせている。

このままでは親や大切な人がいつか泣くことになるだろうし、未来の自分に顔向けできない。腐った排外主義者に使い捨てにされる前にバカなことはやめよう。そうモニター越しの誰かにつぶやき続けている。

2014年1月6日、大阪地方区検察庁から1通の封書が届いた。「○○に対する脅迫事件（事件番号H25－11985）は、平成25年12月27日、不起訴処分としたので通知します」

その一文を読んで、なぜかすごくほっとした自分がいた。「しまふくろう」氏は法的にも、そして社会的にも制裁を十分受けた。まだ若い、もう一度やり直してほしい。心からそう思う。

翌2月、私は沖縄に出かけた。所用があってのことだが、それとは別の意図もあった。事件を起こした「しまふくろう」青年と会いたい。会って話が聞きたいと思っていた。

到着する前、何度も自分が沖縄に行くことをつぶやいた。沖縄滞在中も居場所について詳細に更新した。彼は事件後にツイッターをやめたが、もしも別アカウントで再開していたら、そしてもし私をフォローしていたら、何らかのアクションがあるのではないか、と期待していた。

しかし後日、京都朝鮮学校襲撃事件の裁判で知り合った上瀧《こうたき》浩子弁護士に、「危険すぎる」とたしなめられた。

「もしも逆恨みされて、危害を加えられたらどうするの。会うには早すぎる。加害者と被害者が直接向き合うのではなく、カウンセラーや第三者を挟まないと、納得のいく答えを見つけることは困難で、救済はされないのではないかしら」と忠告された。そういう疑問や感情は朝鮮学校襲撃事件の被害者たちも同様に抱えていたという。

なぜ私を殺そうと思ったのか。なぜ私だけつらいままなのか。彼は今どんな気持ちで暮らしているのか。知らないと救われない、そういう思いでいっぱいだった。

私はきっと、「殺そう」と書き込まれた2月11日に、心の一部が殺されたのだと思う。この1年で多くの何かを失った。それを取り戻すにはどうしたらいいのか、誰も教えてはくれない。差別には、未来もない。

進化するカウンター

２０１３年５月25日、大阪市の男女共同参画センターで行われた元日本軍「慰安婦」のハルモニの証言者集会にも、在特会らは押しかけた。それに対する「対抗デモ」＝カウンターには大勢の人が集まっていた。

毎週末、東京では新大久保、大阪では千日前や御堂筋といった各地の街頭で、差別排外主義者による煽動行動がある。それらの活動に対して、プラカードや横断幕を掲げて「差別にＮＯ！」を突き付ける人も日を追うごとに増えてきた。

この日は在特会側が10名以下だったのに対しカウンター側は50名以上。さまざまな反レイシズムの旗やプラカードが掲げられた。詩人の河津聖恵さんのプラカードには「言葉のナイフを捨てよう」と書かれていた。さすが詩人だ。ほかにも思い思いの言葉がレイシストたちを包囲した。

慰安婦問題が世界的に注目されていた時期でもあり、日本のみならず、韓国やフランスのメディアも差別排外主義煽動行動とカウンターの取材を行っていた。

翌26日の難波での「日韓断交デモ」に対しても、並走しながらデモを中止するよう声をあげる人々が多数集まった。プラカードを掲げる人、レイシストに中指を突き立てる人々もいた。

このあたりから大阪府警のカウンター側への圧力が少し弱まってきたような気がする。風向きが変わってきたようだった。

国会・永田町では、民主党の有田芳生議員が中心となって、ヘイトスピーチを容認していいのか、放置していいのか、国会議員レベルで議論しようと動きだした。また国会で安倍晋三首相も、「今、一部の国、民族を排除しようという言動のあることは極めて残念なこと」（5月7日、参議院予算委員会）などと答弁。谷垣禎一法務大臣（当時）も国会で有田議員の質問に答え、「誠に憂慮に堪えない」と遺憾の意を表明した（5月9日、参議院法務委員会）。

このような動きによって醜悪なデモが一般の人々にも周知され、大手メディアも活発に報道するようになっていった。それに伴い、レイシストたちの「死ね」、「殺せ」も控えられるようになってきた。それが便宜上であることは明らかだが。

いずれにしても、これまでのカウンターなどが一定の効果を生み出しているのは事実だった。新大久保では、当局にデモの不許可を要請する署名活動も展開され、新大久保中心部でのデモが警察の事実上の「指導」（事前協議でコースを変えさせる）によりできなくなりつつあり、関西では御堂筋などでは開催されるものの、14年の春までは、コリアンタウンの鶴橋駅前では行われにくくなっていた。

しかし過激な発言がなければ、あるいはデモコースを変えれば、このような排外デモが許されるのかという問題は残ったままだ。ヘイトスピーチ規制法などの法整備への議論もやっと始まったばかり。歩みは遅いものの、少しずつ良い兆しは見えてきたような、そんな気はしていた。

それに伴い、カウンター活動も大切ではあるものの、差別と闘うだけじゃなく、その一方で温かいものを共有したり、育てたりしたいという思いが強くなった。

その思いはみんなが同じように抱いていたものでもあり、それが大阪での「仲良くしようぜパレード」（仲パレ）につながっていくことになる。

私はこの仲パレがきっかけで、自分にはビラまきの才能があることを再確認した。その後も何かあるたびに「ビラまきの女王」として君臨することになる。何のために。

（いずれも撮影著者）

主要紙などでも取り上げるようになった差別・排外デモ。それまで私はライターとして「公平・中立」に伝えなければと、ずっと何かを抑え込んでいた。でもさまざまなメディアが取り上げ始めたなら、もうその必要もないんじゃないか。差別の前に「公平」でいることは、差別に加担することでもある。私は差別される側の視点で何かを訴えなければ、そう思い始めていた。

でも街頭で「差別をやめろ！」と叫ぶことは私にはできなかった。在特会らの前に立つのは、怖かった。罵声やひどい言説を聞くのもつらい。ライターとしてレイシストの前に立つのでなければ、ただ差別を受けるために立っている被害者でしかない。

カウンターとして現場でできること、それがビラ配りだった。だけどビラを配っている時にも、「普通の人」からひどい言葉を浴びることも少なくなかった。

「私、コリアン嫌い」

「ひどい街宣やな、差別はアカン。でも、自分も朝鮮人は日本から出ていったらいいと思う」

「日本に差別はない」

「差別がいけないのはもちろん。でも、竹島はどこの領土や？」

笑いながらこのような悪意をぶつけられたり、目の前でビラを丸めて捨てられたりしたこともあった。（私はそれを拾ってアイロンをかけ、今でも机の前に張っている。）男性ではこのような経験をした人は少なく、女性ばかりがこのような事態に遭遇するらしいことも、みんなの話からわかった。ビラまきは複合差別をも可視化する、差別と闘う最前線なのかもしれない。

9月22日には「差別撤廃　東京大行進」が新宿で行われた。何度も差別デモに遭遇し唇を噛みしめた場所を、チョゴリを着て友人たちと笑顔で歩けたことは励みにもなった。

これに先立つ6月30日の新大久保の差別デモでは、150名のデモ参加者に対し、カウンターを仕掛けた良心的市民は一説によると2000人を超えていたという。


「レイシストをしばき隊」は2013年秋に解散、新たに「CRAC」（クラック＝Counter-Racist Action Collective＝対レイシスト行動集団）が立ち上がった。「街頭行動、言論、写真、アート、音楽、署名、ロビイング、イベント、学習会その他、必要なあらゆる方法でレイシズムに対抗します」として、「いわゆるしばき隊、プラカ隊、署名隊その他」の「これまでさまざまな形態のカウンター・アクションを呼びかけていた人たち」（CRACウェブサイトより）が一体化した。

また、関西でも反レイシズムについて学ぶ「LIFE」や、「さまざまな差異を越えた多様性のある社会を多種多様な人達で作り上げていこう」とのテーマを掲げ、芸術の力で反レイシズムを訴えるイベント、「shout!!! NO RACISM」なども盛んに開催されている。

その一方で、カウンター側への逮捕や任意同行が続く状況もある。言葉の暴力に対して法整備が進まないなか、どのように差別に立ち向かうのか、カウンターのありかたについても議論や変化はまだまだ必要だ。

差別に抵抗する側も差別する側も、暴力的で「どっちもどっちだ」と言って、差別に目をふさぐ「理由」にしてしまう、世間のごく普通の声。これにどのように対応するか、いかに社会を味方につけるか、関心を集めるかも、課題となっている。まだまだ、これから。

「仲良くしようぜパレード」で、チョゴリをまとう。

2013年7月14の日曜日、大阪で「OSAKA AGAINST RACISM 仲良くしようぜパレード」(仲パレ)が開催され、約600人が御堂筋を歩いた。私も一スタッフとして携わった。

呼びかけ文には「『日本人』以外はここで安心して暮らせない? そんなことは、絶対あっちゃいけない。まずは、言葉の暴力を止めよう。『誰がおってもええやんか』を、まずここ大阪からみんなで発信しよう。誰も排除しない、されない。させてはいけない。誰もが住みやすい町をめざして、いろんな人たちと一緒に」と書かれた。そんな願いが込められたパレードになった。

パレードで私はチョゴリをまとった。熱中症になるかと一瞬迷ったが、どうしても着たかった。自分が水分補給部隊でもあるのに、倒れたらアホみたいや。私が参加をなかば強制的に募ったりした朝鮮王朝音楽隊は、ほぼおっさんばかりだったので、そちらの熱中症も心配ではあったが。

パレード参加者はみな思い思いの格好で歩いていた。夏場なのでTシャツにジーンズなど、カジュアルな装いが多かったように思う。そんななかで、日本国籍を取得した元韓国籍の女性は浴衣を、日本国籍でダブルの女性はチョゴリを着て参加していたのが印象的だった。浴衣姿の男性も、パジ・チョゴリ(男性の韓服)もいた。涼しげだったり、いなせだったり、華やかだったり。みな美しかった。

朝鮮王朝音楽隊。(撮影著者)

友人のダブルの女性はパレードのあとで、チョゴリを着ることにとても葛藤があったと漏らした。ルーツの朝鮮半島が嫌だからではなく、普段日本人として生きてるのに、こんな場でだけチョゴリを着ることに罪悪感やためらいがあったと。でも着て歩けたことがうれしかったと話してくれた。喜びすぎて2次会の会場でも彼女はそのままの姿だった。チョゴリのままで泥酔するなよ。

振袖をはじめ、民族衣装はたいていは女性がまとう。仲パレでは、朝鮮王朝音楽隊を演じた男性たちがパジ・チョゴリを着たが、それは日韓混合の楽隊だった。そして、男性がそれを着用する時に葛藤を覚えるという話は、その時には聞かなかった。

私は在日コリアンで、日本人でも韓国人でも、何者でもなくただ「在日」だと思っている。たとえ日本国籍を取得したとしても、これまでの自分の歴史やルーツが変わるわけでもない。しかしその話をするたびに、ひどく反発を受けたりもする。両親や祖父母が帰化して現在は日本国籍という人もたくさんいる。片方の親が韓国や朝鮮籍、もう片方が日本国籍というダブルもいる。自分の息子だってそうだ。

乱暴かもしれないけれど、私は朝鮮半島にルーツがあればみんな「在日」だと思っている。日本という国は、二重国籍はもちろん夫婦別姓も認めていない。「一つ」であること、「同じ」であることが美しいとされる社会だ。でも、そんなふうに日本人か韓国人かという二者択一を脅迫的に迫るような社会というのは、息苦しいと思う。もっと生きかたは多様であればいいと思うし、自由でありたいし、選ばされるのは、少なくとも私は嫌だ。

チョゴリも綺麗だし、和服も美しい。そう思えることもまた「在日特権」だと、よく冗談で話す。「どちらを選ぶか」ではなく、「どちらも自分」として、まとえるようになりたい。「在日」とはそんなふうに、境界を飛び越えてしまう存在なんじゃないか。うれしそうにチョゴリを着て駆け出す友人を見て、そんなことを思った。でもチョゴリを着たまま泥酔するな（大事なことなので二度言う）。

＊

翌々月の9月22日、今度は東京・新宿で「差別撤廃　東京大行進」が行われた。私もまたチョゴリをまとって参加した。

パレードの出発前、右翼の街宣車が通った。スピーカーから流れる軍歌を聞いて、びっくりして入口まで走って行くと、ただ通り過ぎていった。その場で赤旗の記者さんらに声をかけられ取材を受けていたら、年配の男性に、「今日は何の集まりだ、その格好はなんだ」と口を挟まれた。

「差別をこの社会からなくそうと、みんなが集まり行進をします」

「日本に差別なんかない。中国や朝鮮も日本と仲良くやってきた。差別と言うほうがおかしい」

「新大久保で毎週のようにひどいデモがあるわ。何も見えてないんや」

「差別なんか、日本にない」

そう吐き捨てて煙草を投げつけられた。悔しいけど、慣れてきそうだ。「いつでもこんな人には出会うよな」と思っていた。

振り返るとドラァグクイーンの人たちがいた。目が合うと「素敵なチョゴリ」と。私も「きれいな衣装」などとほめ合いっこになった。ほめられるとすぐに機嫌が戻り、一緒に歩くことに。仲パレにも多くのＬＧＢＴの人たちが参加してくれた。10月には関西の「レインボーパレード」もある。そういう関係がこれから少しずつでもつくっていけたらいいと、そんなことも思った。


この日の開会式では私もスピーチを頼まれた。深呼吸してから、「7カ月前、新大久保の排外デモのひどさに、声も出せず泣きました。ひどい言葉で埋め尽くされた街を、笑顔で上書きしましょう」と話した。絶対に言わなきゃと思っていた「仲良くしようぜ／チナゲチネヨ」も最後に呼びかけることができた。すると、

「何言ってるの？　ずっと前からわたしたちは友だち」

と、どこからか聞こえたような気がした。んー、幻聴ではないよ。

仲パレでも東京大行進でも、「一人じゃない」ってことが形になるのは大切だなと思う。ネットでも現実の世界でも、差別やそれに近いものに出会うととても孤独になってしまうから。誰かがそばに

いるってことをもっとしっかりとした形にしたいと思う。まあ、飲みに行く言い訳なんだけど、ね。

新大久保の路上で風船が放たれ青空に吸い込まれていく。背負っている重たい荷物が少し軽くなった気がした。韓国のアイドルグループ「ＢＩＧＢＡＮＧ」の「声を聞かせて」がサウンドカーから流れる。沿道にもたくさんの笑顔があふれて、どんどん心が軽くなっていくように感じる。一緒に歩いたみんなが何かを放ってくれたようだった。

この日は、大好きだった兄の誕生日の翌日でもあった。朝鮮人ということが嫌で仕方なかった兄。でも私には成人式のチョゴリを作ってくれた。東京にずっと住んでいたのに新大久保すら一緒に行けなかったけれど、格好よかった兄と心の中で一緒に歩いた。歩きながら振り返って見たら、笑顔がずっと連なっていた。

その夜は、新大久保の韓国料理店「大使館」で参加者の打ち上げが行われた。会場内のテレビに映し出されたＮＨＫの7時のニュースでは、東京大行進のことが報じられ、レイシストが映ったシーンではみんなが一斉に「帰れ」コール。その後の日韓交流イベントでピビンパを混ぜるシーンでは、「混ぜろ」コール。みんなのノリが良すぎて爆笑した。在日も日本人も、ＬＧＢＴも、関東も関西も、みんなが混ざりあった夜だった。

飲み足らない酔っ払い関西軍団は「烏鵲橋《オザクキョ》」にはしご。2月に新大久保の路上で泣いていた時に助けてくれたオーナーには会えなかったけれど、妹さんがいた。そして久しぶりにまゆげ犬に会った。まゆげ犬は在特会らのお散歩の際に蹴られた犬だけど、それでも人懐っこくて相変わらず可愛かった。

烏鵲橋は、七夕の夜にかかるという伝説上の橋。

新大久保の烏鵲橋は、日本と韓国とにまたがる橋……。

仲パレや東京大行進が終わった直後の高揚感も、翌日には焦燥感に変わる。きっとまた明日からうんざりする日々が始まるってことぐらいみんな知ってる。それでも、この日にみんなで歩けてよかった。私たちは、今もずっと歩き続けている。

2014年も2800人の参加者を集め開催された東京大行進。
ゴール直前の写真。（撮影著者）

おつるさん

「なんでまた日の丸の団体が？　まだ2時やん、中監会のデモ、早まったん？」

2013年10月20日、12時からの「現代撫子《なでしこ》倶楽部」（代表・中谷良子氏）による「不逞支那人売春婦・移民断固反対デモ」のカウンターと取材が終わって、うんざりしながら難波の高島屋近くの喫茶店に入った。仲間とお茶を飲んでいると、外をまた日の丸の一行が通り過ぎた。私は思わず路上に飛び出した。

この日は現代撫子倶楽部のデモ終了後、15時から「中監会」（「日本民族による中国共産党監視委員会」。代表・竹井信一氏）による、中国にシフトした排外デモも行われる予定だった。最初、カウンターのなかでは中監会への対応についてどうするかとの話も出ていた。私は在日や韓国、共和国が対象じゃなくても、時間が許す限りは中監会デモの現場に向かっていた。鶴橋駅前で中学生が「朝鮮人を虐殺する！」と叫んだ街宣や、京都朝鮮学校の襲撃事件に関わった人物がそのデモの参加者でもあり、根っこは同じと思うからだ。

ちなみに15時から始まった中監会のデモには「レジーナ」、「望月」、「プチ許永中」ほか数名の見知った参加者の顔が確認できた。先頭で横断幕を掲げていた「ミリー」という女性は、12時からのデモにも参加していた。中監会代表で愛国矜持《きょうじ》会代表でもある竹井信一氏は街宣車にいた。

喫茶店を飛び出した私の前を横切った日の丸のデモ隊は、いつものメンバーとは明らかに違っていた。比較的年齢層が高く、服装もスーツ姿など比較的かっちりした人が多い。その中である女性を見つけ、思わず声をかけた。

「おつるさん！」

女性はかつて在特会、チーム関西などと行動を共にしていた中曽千鶴子氏だった。

私の声を聞いた男性がおつるさんの元に駆け寄って声をかけた。彼女は隊列から離れると、「李さん、今日はどうしたの？」と笑顔を見せた。

「すいません、在特会とかのデモの取材に来ていますが、このデモはいったい何ですか？」

「唱歌を歌う行進よ。毎月第3日曜に開催しているの」

「ああ、そうですか。中監会のデモが早まったのかと思って。すいませんでした」

そしてその場は別れた。

心配そうなカウンターのメンバーの元に戻り、このデモの内容を説明した。中監会のデモまでまだ時間もあるし、もう1杯コーヒーでも飲もうかと立ち上がった時、喫茶店の入り口が開いた。

「李さん！」おつるさんだった。

「さっきはデモ中だったからごめんなさい。ちゃんと挨拶がしたくて」と彼女は続けた。

実はおつるさんとは面識があった。なんば高島屋の前で7月に開催した「仲パレ」の告知ビラをまいていたら、突然声をかけられたのだ。彼女はある政党の選挙カーのウグイス嬢をしており、候補者はそこで街宣活動を行っていた。

記念に撮影を求められ、彼女が写真を公開することはわかっていたが、一緒に写った。彼女は私と写真に写ることで、差別者としての自分を中和しようという思惑がきっとあったはずだ。私も彼女とつながりがあると見せることで、右派の一部の「仲パレ」への妨害行為がなくなれば、との打算があった。嫌な女同士だな、狐と狸の化かし合いみたいだ。

しかし、それ以上に私は彼女に興味があった。彼女のツイッター上での「北朝鮮女」発言や同性愛差別はもちろん最低だ。他人の大切にしている部分を揶揄《やゆ》するのは間違っている。クリスチャンらしいがキリスト教の解釈にも啞然とする。宗教心があつくても差別をする人はする。

レイシストは許せない。でもこの人たちのことが、よくわからないけれど心配な部分もある。差別を楽しむ最低な人でも、差別を利用してのし上がろうとする人でも、誰かにとってはいい人で大切な人かもしれない。その狭間で悩む。差別者の中の良心をどうしても探してしまう。

私は名刺を渡して、「クロエ（中谷良子）さんとも会いたい。一緒に話が聞ければうれしいのですが。彼女にも名刺を渡していただけますか」と頼んだ。すると彼女は「今、クロエちゃんとは付き合いはないのよ」と答えた。

「だって、彼女はレイシスト側に行っちゃったでしょ?」

そう言って微笑む彼女の言葉を聞いて、私は自分の耳を疑った。自分がしてきたことは?　と問いかけてやめた。また機会があるときにゆっくりと話を聞こう、そう思った。何よりその笑顔と言葉が怖かったのかもしれない。

徳島県教職員組合事務所襲撃事件※を起こし、威力業務妨害などの罪に問われたおつるさんは、罰金30万円の判決を受けた（高松高裁、14年5月29日）。事件では在特会会員ら7人の有罪判決が既に確定しているが、おつるさんは上告している。

その後おつるさんは２０１４年10月、兵庫県川西市議選に立候補した。結果は下から4位で落選。しかし前回市議選の８３７票から２４７票も伸ばし、１０８４票を獲得。最下位当選者の１３１５票まで「あと２３１票」と迫った。

ちょうどこの時期は、安倍内閣の複数の女性閣僚の在特会やネオナチ団体との黒い交際が連日話題となっていた。おつるさんもまた政治の世界に進出するため、在特会との結びつきを隠そうとしていた。それをロンダリングするためにカウンターに参加するなど、自分はレイシストではないとアピールしている。

私は彼女をもっと知りたい。彼女は何を求めているのか。なぜかわからないけれど、無性に。

※**徳島県教組襲撃事件**：２０１０年4月14日、在特会・チーム関西所属の活動家らが、徳島県教職員組合による四国朝鮮初中級学校への寄付に抗議するとして組合事務所に侵入、拡声器を用いて罵詈雑言を浴びせる「抗議活動」を行い、威力業務妨害罪などに問われた事件。

ワクチン

「愛」という言葉の反対語は「無関心」という。在特会やヘイトスピーチが生まれ幅広い支持を広げた背景・土壌には、彼らの活動を目にしても、「あんなものは放っとけばなくなる」、「差別問題は面倒くさい、関わり合いになりたくない」と目をふせてきた多くの人々の無関心、無責任があったのではないだろうか。

ネット上でも「そんなものは無視すればいいのに」という声を今でも多く聞く。実際に私もそう思っていた。彼らの存在を自分の問題だと見なし、今こそ目をそらさない勇気をもつ必要があるのではないか。レイシストの言説・行動を当たり前にしてはいけない、と強く思う。

街角に出て、「差別反対」を叫ぶのは当事者にとってつらいことだ。自分自身、差別街宣やデモの現場に行くと、今でも足が震える。しかし、今のこの動きをしっかりと見つめることは大切なことだと思っている。何年か経ったとき、「差別・排外主義が過激化したあの時にあなたは何をしていたのか」と息子や家族、友人に聞かれて、胸を張れる自分でいたい。

「差別はだめ」、「これは差別だ」ということを、きっちり意思表示すること。たとえ今は無駄でも、100人や1000人に1人でも、いつかハッと気がつき、目が覚めるきっかけになればと私は思っている。

たしか2012年だったと思うが、同志社大学で行われたシンポジウムで、関西学院大学の金明秀《キムミョンス》教授の講演があった。その際、差別・排外主義へと向かう人々に対しては、しっかりした教育などの「ワクチン」で対処する必要があるとの話を聞いた。ヘイトスピーチは、ネット上で生まれて拡散し、現実までむしばむウイルスのようなものだと。

一人ひとりのもつ、差別を許さないという意識もまたワクチンとなると思うし、私もネット上で、自分の書く記事や報道を通じて、そうなれるように努力したいと思っている。

あきらめることは簡単だけど、やっぱり人が好き。差別のない社会という夢があったほうが、きっと未来は明るい。希望がなければ、明日だってやってこない。

＊

私は現在、ボランティアで日本人や外国人の子どもの学習支援などに関わっている。小さい時から身近に自分とは異なる存在がいることは素敵なことだということ、違いを認めあえる社会こそ豊かな社会であるということを知ってほしい。そして、ともに新しいワクチンを生み出していきたい、と思っている。

でも本当は、子どもたちのため、と言いながら、毎週のようにひどいヘイトスピーチを浴びて心の底にたまっていく澱《おり》のようなものを溶かす何かを探していたのかもしれない。子どもの笑顔に毎週のように癒されている自分がいる。うるさくてやんちゃで、憎たらしい子もいるが、やっぱり可愛い。

ある日、外国人の子どもの学習支援の教室で、フィリピンにルーツのある子が私に言った。

「先生、私はお父さんがブラジル人、お母さんがフィリピン人。でも、生まれたのは日本で、日本語しかわからんねん。おかしいやろ？」

「先生も韓国人やけど、日本で生まれたで。そして日本語を話してる。おかしないで。ちょっと違うけど、一緒や」

その子どもは瞳をキラキラさせて、「先生と私は一緒？　一緒でうれしい」と、とびきりの笑顔を見せてくれた。

その帰り道、彼女の瞳と「一緒」という言葉を思い出して、少し泣いた。

桜井誠会長に、再びインタビュー

２０１４年1月18日、私は東京の六本木で行われた在特会東京支部による「今こそ日韓断交を！新春国民大行進 in 六本木」の取材に向かった。この時は、日本の排外主義についての特集番組を制作中の韓国ＭＢＣをはじめ、韓国から多数の取材陣が来ていた。

デモの集合場所の公園は物々しい雰囲気だった。私は韓国ＭＢＣのスタッフたちと公園の中で落ち合うことにしていた。警備の警察官に「取材」と伝え、私は彼らと合流した。

韓国ＭＢＣの日本在住のディレクターの梁《ヤン》さんは「在特会の会員は大人しいね、僕らに何も言わない。まったく怖くない」と笑った。それは梁さんが男性で、韓国の大手メディアの一員だからだ。

私は梁さんとカメラマンに、「今から私をずっと追いかけてみて」と声をかけ、そのまま公園の前方へ突き進んでいった。「あれ、李信恵だ」という声が聞こえたが、そのまま無視して歩いた。すると、偶然にもスピーチを終えたばかりの桜井誠会長が、私のすぐ前までやってきた。

スタッフか誰かと打ち合わせをしている桜井会長に、

「こんにちは、今日はお世話になります」と声をかけてみた。

「ああ、どうも」と顔を挙げた瞬間、桜井会長は私に気がつき、声を荒げた。

「あんたね、どういうこと！」

その瞬間、周りにいた大人しそうな参加者たちの顔色が変わった。

「取材の許可なんかしてない」、「MBCは騙したのか」、「韓国人は出ていけ」と、口々に叫ぶ人たち。20人ほどに取り囲まれたところで公安や警察が飛んで来て、公園から出て行くように促された。

公園を出た瞬間に振り返ると、打ってかわって取材クルーはみんな押し黙っていた。韓国メディアの女性が心配そうな顔で私をみつめるので、「いつものことなので大丈夫ですよ、慣れないけど」と先回りして答えた。そしてカメラマンに向かって、「いい絵が撮れましたか？」と聞いたら、絶句していた。しばらくして「はい」と答えた。

その後のデモ行進中のシュプレヒコールで、桜井会長は「李信恵、好きだー！」と叫んだという。好かれても困る。私に突然声をかけられて取り乱したことを取り繕うためなんだろうと思うが、虚を突かれたことがそんなに怖かったのだろうか。前年5月、神戸で初めて突撃取材をした時と似ていた。

「世界が川口と蕨を愛してる!!」

「殺せ殺せ、李信恵！」

「くたばれくたばれ李信恵！」

青空の下で、こんな風に名指しで叫ばれるって、そうそうない体験だ。

これまで「殺せ殺せ、朝鮮人。くたばれくたばれ朝鮮人」というコールを何度も路上で聞いた。その時私は必死で「自分のことじゃない」と思い込もうとしていた。でも怖くて何度も泣いた。それを路上で初めて聞いてから約1年後の２０１４年1月19日、埼玉県川口市から蕨市にかけて開催された差別・排外デモで、私はとうとう名指しされることになった。

レイシストたちが「殺そう」と叫ぶ「朝鮮人」「韓国人」は、やっぱり自分のことなんだなと、再確認した。

この日の午前中には、午後から行われる外国人排斥デモに反対する市民が集まった。レイシストに「超圧力」をかけるべく結成された「男組」による「ヘイトスピーチを許すな！　お知らせデモ」が川口市と蕨市で行われると聞き、私は思わず上京する段取りを組んだ。

「お知らせデモ」とは、差別主義者によるヘイトスピーチ・デモが実施されることを地域住民に事前に周知しつつ、ヘイトスピーチ・デモへのカウンター行動の呼びかけを行うもの。

フィリピン、日本、中国、韓国の国旗が並んで歩いたこの周知デモに、私は勇気づけられた。

ここ蕨市では2009年に、十数年に渡って日本で暮らしてきたフィリピン人の夫婦が入国管理法違反だったことを理由に、夫婦とその中学生の子どもが、在特会らの排外差別デモで激しいヘイトスピーチ攻撃に晒《さら》されるという悪質な事件が起きた。いわゆる「カルデロンさん親子事件」だ。レイシストらは子どもが住む家、そして子どもが通う中学校の近くにまでもデモ行進を行い、ヘイトスピーチをまきちらした。

ターゲットにされた少女はどんなに心細かっただろう。そのとき自分は何もできなかった。そんなことを思いながら、またしてもビラをまきながら歩いた。ビラまきの女王は関東も制覇だ。

私がビラを配っていると、「お返しにこれどうぞ」とピンクと水色の可愛いビラをもらった。それは川口市と蕨市の市民有志が作成した「世界が川口と蕨を愛してる!!」と書かれたビラだった。地元の方々も一緒に、排外デモに対して反対を訴えた。

デモコース上には韓国系のシオン教会があり、入り口では牧師さんが私たちに祈りをささげてくれていた。2階には礼拝に来ていた人たちなのか、「仲良くしようぜの方だ！」との声が上がり、みんなが手を振ってくれた。

午後になって川口へ電車で戻ると、排外デモの集合場所の公園へ向かった。午前中にはのどかだった公園の雰囲気は一変し、数え切れないほどの機動隊と公安、警察がそこを囲んでいた。さっきまで笑顔だったカウンターの人々の表情も変わり、怒りに震えながらプラカードとこぶしをかざしていた。

デモ隊が出発したので、私は先回りしようと住宅街を突き抜けた。ベビーカーを押した女性が、不安そうに周囲を眺めている。目が合ったので、手に持ったビラを渡すと、

「カルデロンさん一家の事件、当時のデモは知っています。ひどい話でしたね」

私が周知デモとカウンターの取材をかねて関西から参加したと言うと、「私たちの町のためにありがとう」とお礼を言われた。温かい気持ちになった。

ヘイトスピーチに関する取材をするなかでもつらいのは、そこに女性や子どもたちがいることだ。差別街宣を受けた朝鮮学校や、このカルデロンさん一家の事件はもちろんだが、ヘイトを行う側にも中学生や未成年、女性たちがいる。赤ちゃん連れの参加者を見かけたこともある。

「それでは」と、その場を離れようとした瞬間に、「朝鮮人が今から通る、何するかわからないから気をつけて」と叫びながら歩く女性が近寄って来た。

何を言ってるんだ、この女は。普段はエレガントな私だが、つい、

「何嘘言うてんねん、おまえ誰や」と口をついて出てしまった。

相手は驚いた様子だったが、それでも「ちょ、朝鮮人は何をするかわからない集団だ」と言うので、

「レイシストがここにいます！」

と大声で叫ぶと、排外デモ隊の中に逃げ込んでいった。あとで聞くと、彼女は「花時計」という女性団体の一員だという。

排外デモ自体ももちろん最悪だった。ナチスのハーケンクロイツの旗をマントのようになびかせて

いた男性もいたし、私の存在を確認すると、数名の男性が「殺せ、殺せ、李信恵」とのコールを始めた。楽しそうだったその姿を、私はビデオカメラでずっと追い続けた。

叫んだ男たちを特定しようと追いかけたが、解散場所付近で警察に制止された。その場にずっといた刑事に、「名指しで殺せとコールされた、現行犯で逮捕できないのか。あいつらを捕まえることはできないのか。せめて追いかけさせて」と頼んだが、そこを通してはくれなかった。

「自分はそのコールを聞いてない。被害があったなら証拠を持ってこの近くの所轄へ」と言う。警察はいつもこうだ。

あとからじわじわダメージが来たが、その場はなんとかもちこたえた。周りにいた友だちのほうがつらそうで、そっちのほうが気になった。近くにいた伊藤大介さんが、「大丈夫ですか？　大丈夫なわけ、ないですよね。あんなコールを聞かせて、申し訳ない」と声をかけてくれた。伊藤さんは瀬戸弘幸氏などの排外差別主義者を相手に民事訴訟を起こしている方だ。自分のことのように真っ青になっていて、こちらもなんだか申し訳ないなという気持ちになった。

取材に来ていた安田浩一さんにも「今日は〝殺せ、殺せ、李信恵〟って言われた」と、たぶん笑いながら、何でもないふりをして伝えたら、また困った顔になっていた。

私は新大久保や鶴橋に行っては、どうしようもなく行き場のない気持ちを何度も安田さんにぶつけ、八つ当たりをしている。安田さんはサンドバッグか。でも、ちゃんとわかってくれる。

安田さんだって私がそうされる前から、ずっと同じようなコールをレイシストたちに浴びせられてきた。当然つらかったはず。今ならそう思えるけれど、私にはずっと余裕がなかった。

ラッパーのＥＣＤさんも午前中からずっと参加していて、この日も並走しながら声をあげ続けていた。その姿も支えになった。自分は間違ってない、排除されなくてもいい、間違っているのはレイシストのほう、といつもカウンターの人たちの声に支えられている。

「殺せ」と叫ばれたのが、友だちや若い子、ほかの外国人じゃなく、自分でまだよかった。負け惜しみじゃなく、本当の気持ちだ。

以前、金明秀《キムミョンス》教授も「自分が攻撃されているうちは、ほかの人には向かないから」と言っていた。ネット上でもリアルでも、在日ということを明らかにしてさまざまなバッシングや差別、ヘイトスピーチを受け続けてきた明秀オッパ。すごいな、自分もそういう人になりたいなと思っていた。

在日朝鮮人でよかった。名指しで「殺せ」と言われても、言う側じゃなくてよかった。

「朝鮮人を殺せ」ではなく、自分の名前なら、自分以外誰も傷つかないと思っていた。でも、多くの友人が心を痛めていた。そんな友人がいてよかった。これからも一緒に泣いてほしい。嫌だって言っても泣かせる。そのあと、いっぱい笑おう。

在日と出会えない人々

昨（2013）年の2月から差別・排外主義活動を取材する中で、私は多くの人に出会った。排外主義側とも、カウンター側とも。話を聞けば聞くほど、出口が見えずに悩んだりしている。

2014年の1月26日、またしても神戸で在特会による街宣が行われようとしていた。いつもと違ったのは、この日の午前中には、ヘイトスピーチに反対してきた関西のカウンターたちによる、差別デモに反対する「周知デモ」が企画されたことだった。蕨と川口のデモに参加した人々の思いも、ちゃんとつながったような気がした。

午後から行われた在特会神戸支部の定例街宣は、警察に取り囲まれたために在特会側の街宣がほぼ聞こえず、弁士の姿もまったく見えなかった。カウンターに対する警備も厳しかったものの、周知デモの効果もあって、カウンターへの参加者が多く、私たちは反レイシズムのビラをまくなど、差別に反対する意思表示を行った。

予定より少し早く街宣が終わった直後、「信恵ちゃん」と声がした。振り返ると、この日も在特会らと行動を共にしていた、民族団体「愛国矜持《きょうじ》会」の竹井信一氏がそこにいた。

「竹井さん、また在特会と街宣なんかあきませんやん。この前、もう在特とは一緒に行動せえへんって話してましたやん」

「ああ、今回は人が少ないから応援を頼まれた。今回だけやわ」と笑った。

「なあ、信恵ちゃん。年末に韓国ＭＢＣのインタビューを受けた喫茶店、あそこにあれから何度も行ってるねん。あそこのママさんも在日で、すごい苦労してきはってんってな。在日について知らんとあかんわ。ほんま、ママさんはいい人や」

「ほな、在特会と街宣したらあきませんよね。（あなたが批判したい）韓国の政治と在日は違う。ヘイトもあかん」と私が問いつめると、

「……時間やわ。また」と、竹井氏は言葉を濁して去って行った。

私は、三宮の駅前の人ごみにまぎれていく竹井氏の姿をぼんやりと見送った。

竹井氏は、私も含め多くの在日コリアンと〝出会った〟という。だけど、彼は神戸で会話を交わしたその後も、差別街宣やデモに参加し続けている。ひとたびマイクを握り、デモで興奮すれば、ヘイトスピーチも飛び出しているようだ。ヘイトを自分の民族活動に利用しているように見えるが、彼もまたウイルスに感染してしまった一人なのではないか。

過激で醜悪なヘイトスピーチ。しかしそれによって注目が集まり、支持も増える。在日と出会っても、その影響力の強さ、注目される快感から逃れることができなくなってしまうのだろうか。

そんな病んだ社会の中で、私たちにできることは何だろう。

けれど、彼らは本当の意味で「在日」や「外国人」に出会ってもいないんじゃないか、とふと思う。もしかしたら、本当に〝出会う〟ことによって、彼らの罹患したヘイトを少しでも癒すことができるのではないだろうか。

この日以降も、私は何度も差別デモや街宣の取材とカウンターに向かっている。でもまだ、出会えてない。

#鶴橋安寧

「おいこら、李信恵！　チョンコ！」

鶴橋駅前の路上で数名の警官に囲まれ、カウンターの人々から引き離された在特会の男が、私を見つけた瞬間、制止を振り切り目の前までつめ寄ってきた。そして私に向かってそう叫んだ。「チョンコ」とは、知っての通り在日コリアンに対する侮蔑語、差別語だ。

「リンダちゃんに向かって何言うてんねん！」

「チョンコとはなんや！」

カウンターでいつも顔を合わせる友人たちが、私をかばうように声をあげる。ちなみに、リンダちゃんとは私のあだ名である。なに人やねん。


在特会のその男は、「プチ許永中」、または「はぐれ在特」、「海坊主」などとカウンター側から呼ばれている。許永中とは、「日本財界のフィクサー」といわれた在日韓国人で、日本では戦後最大の経済事件と称されるイトマン事件で逮捕・起訴され、実刑判決を受けた人物。なんで在特会なのに在日の名前なのか、ややこしい。

このプチ許永中は、大阪で行われた元日本軍「慰安婦」のハルモニたちの写真展や朝鮮学校へのチャリティーコンサートなど、在日が関わるあらゆるイベントに旭日旗を持って現れては、嫌がらせをする人物だ。昨年春にも、カウンター後に友人らとお茶をしていたカフェの席にまで、「のぶえ！」と叫び突撃してきた前歴がある。

「え？」

男は「チョンコ」と連呼しながら、私の顔に、唾をかけた。その瞬間、血が沸騰するかのような衝撃が走った。

「お前、誰に向かってチョンコ言うてんねん、ふざけんな！」

思わず口走ってその男に向かって行った。エレガントが台無しである。

間に入ってその場を収めようとした警官が、その男に向かってつぶやいた。

「なんでこんな早くに来たんや」

今日、街宣が何時から始まるのか、この警官は知っていたのか？

私たちはこの日、何時に始まるのかわからない街宣のために、朝から入れ替わり立ち替わり鶴橋の駅前を訪れ、1日が平穏に終わることを祈りながら過ごしていた。午後4時を過ぎて、どうやら始まってても6時ごろじゃないかと喫茶店で談笑している最中に、その男が一人で現れたとのしらせが入った。

そして、すぐに駅前へと向かったのだった。

「リンダちゃん、大丈夫？」友人たちが、心配そうな顔で見つめる。
「平気平気、こんなのいつものことやから」
騒動が落ち着くなか、交通課の警官も心配そうな顔であたりをうかがっていた。そして、目が合った瞬間、私の胸元を指して「そこにも唾が」と言った。べったりとついているというそれを、私は必死で拭った。拭ったハンカチは捨てた。

鶴橋駅前でのカウンター。（撮影著者）

気を取り直してその後の街宣に備えようと、近くにある回転すし屋に入った。すし屋のすぐ前で街宣が行われるというので、当たりをつけた6時までそこにいることにした。実況中継をするカウンター仲間の青年と、赤だしを注文して一口飲んだ瞬間、胃からこみ上げるものを感じてトイレに駆け込んだ。そして、何度も吐いた。鏡に映った自分の顔が、ひど過ぎて笑った。

その後に行われた街宣は、文字にするのも苦痛なほど醜悪なものだった。「朝鮮人、朝鮮人」と無意味に連呼する「村上」、韓国語の歌をがなりたてる「鶴橋のおっさん」、差別を楽しむ最低の人々がそこに並んでいた。

奈良の水平社博物館前で街宣を行い、差別用語を連呼したとして罰金刑を受けた「川東」こと川東大了氏が今回の街宣の主催者だ。

それは2014年5月22日、ごく普通の平日の夕方で、多くの人が帰宅を急ぐ時間だった。

街宣が終わった直後、唾をかけられたことは暴行じゃないかと警官に訴えたが、「現行犯じゃないので後日、ビデオなどでその現場を撮影していたなら持参して」と言われた。

「現場を見ていた警官もいた、なぜ今すぐ被害届を出せないのか」と反論すると、

「かけられたという瞬間は見ていない、口論で唾が飛んだのでは、という認識だ」

「なので、またあらためて」と。虚しさがこみ上げて来て、何も言えなくなった。

友人たちと憂さを晴らすかのように飲みに行き、しこたま酔っぱらったはずなのに、その最中も帰宅後も、ずっとかけられた唾のことが頭から消えなかった。とりあえずシャワーを浴びようとしたが、悔しく、みじめな思いでいっぱいで、かきむしるように何時間もバカみたいに胸元を洗っていた。気が付くと、いつのまにか血が噴き出していた。体の傷なら、こんな風にわかりやすいのに、心の傷は誰にも見えない。頭からシャワーを浴びながら、叫ぶように泣いた。

その後、いつものように寝込む私を見て、家族は困った顔で声をかける。

「もう、カウンターに行くの、やめたらいいのに」

本当にそうだ、なんでこんな思いまでして行かなきゃいけないんだ。私は何のために路上に立っているんだろう。毎回傷ついて、苦しい思いをしても、またこうやってヘイトスピーチの現場に向かってしまう。自分のこと、ほんとに変態なんじゃないのかな？　ともたまに思う。ごく普通の、在日のおばちゃんとして今までのんびり過ごしてきたはずなのに、なぜこうなったんだろう。

カウンターを追いかけて1年半、それを振り返りながら、考えてみる。もしかして、何かを探して

いたのかもしれない。今でもそれが何かは見つかっていないのだけれど。

＊

この日のヘイト街宣には前段があった。川東大了氏は約1カ月前の4月14日から19日の約1週間、朝9時から夜8時まで、鶴橋駅前の街宣許可を天王寺署に申請し、受理された。結果、いつ始まるかわからない差別街宣に備えて、関西のカウンターは入れ替わり立ち替わり、監視のために鶴橋の街を訪れることになった。

鶴橋駅前のガード下。＃鶴橋安寧。（撮影著者）

ツイッターでは、カウンターの在日の青年「エルネスト金」くんがつぶやいた言葉から、**#鶴橋安寧**というハッシュタグができ、そのタグには現在の鶴橋の状況が寄せられた。「安寧」は、朝鮮語読みでは「アンニョン」であり、「鶴橋よこんにちは」、「鶴橋が安寧（あんねい＝やすらか）でありますように」などの意味や願いが込められている。

また私が監視の際に訪れた鶴橋のお店の料理の写真を、ハッシュタグと一緒にツイッターに掲載したことが発端となって、界隈のグルメ情報も並んだ。在日はいつも、しんどさの中にも笑いを忘れないもの。食い意地が張っているだけ、とも言われるが気にしない。

4月には、最終日の19日に実行されるはずだった差別街宣も阻止された。しかし翌5月も、川東氏は16日から22日までの街宣許可を申請し、天王寺署はまたしても受理。結果、17・18・22日の3回にわたり鶴橋の駅前で差別街宣が行われ、私たちの心は踏みにじられたのだった。

その後、プチ許永中はというと、翌月の6月26日、神戸市中央区港島中町の路上で、意味不明の内容を拡声器で叫び、関西電力の株主総会を警戒中だった兵庫県警神戸水上署の男性警部補に「誹謗《ひぼう》中傷をやめなさい」と注意されたところ、警部補の顔を頭突き。署員に取り押さえられ、公務執行妨害の疑いで現行犯逮捕された。

この逮捕は、ツイッター上でも大きな話題になった。けれど、プチ許永中の「誹謗中傷」、罵詈雑《ばりぞう》言《ごん》や差別言動は今回が初めてではない。何度も何度もひどい発言を路上で行ってきたことは周知の事実だ。街宣での在日へのヘイトスピーチも、「誹謗中傷」と警察が認めないのは不公平じゃないのか。差別で逮捕されたのではないことが、私にはとても悔しかった。

さらに悔しいことが続いた。大阪市内で昨年10月に行われた韓国人の排除を掲げるデモをめぐって、「排外デモに参加しようとした男性を集団で取り囲み「暴行を加えた」として、大阪府警は7月16日、暴力行為処罰法違反容疑で、カウンターグループ「男組」メンバーら8人を逮捕したのだ。

この「排外デモに参加しようとした男性」とは、プチ許永中のことだ。

唾を吐かれたことはちゃんと相手にしてくれなかったのに、メガネを外されたら「暴行」だって？　警察って、不公平にもほどがある。

東京の荒川で

初めて新大久保で差別・排外デモを見た日から、約1年半が過ぎた2014年9月6日、私は東京墨田区の荒川河川敷にいた。91年前の1923年9月、関東大震災の折に虐殺され犠牲になった朝鮮人や中国人らの追悼集会に参加するためだ。

突然スピーチを頼まれた私は、「この場所に呼ばれたような気がした」ととっさに話した。

その少し前の8月30日には、辛淑玉《シンスゴ》オンニの講演に続くパネルディスカッションに、泥憲和さん（「男組」神戸本部長）とともにパネラーの一人として参加していた。壇上で淑玉オンニに「新大久保のデモを初めて見た時、どう思った?」と聞かれ、私は、

「いつか殺される、そう思った」と、すっと答えた。

今でも不思議だ。なぜ、あの場では正直に話せたのか。私はこのことを、ずっと怖くて言えなかったし、書けなかった。もちろん惨めだし悔しいということはある。けれど、何より怖かった。

新大久保や鶴橋の差別街宣やデモの参加者たちは、「朝鮮人を殺せ」と叫ぶ時、いつも誰もが楽しそうだった。そして笑っていた。91年前に朝鮮人を虐殺した人たちも、きっと笑っていたんじゃないかと、私には思えてくる。

人間じゃない、ゴキブリだから、害虫だから駆除して当然。そう路上で叫ぶ人たちが、心底恐ろしかった。そして、その怖さを吐き出せるようになるまで、とても時間がかかった。多くの仲間と出会い、安心できる場所を見つけて、ようやく本心を話せるようになった。自分もまた、沈黙させられていた一人だった。

在日として女性として、凄惨な差別に抗して獅子奮迅《ふんじん》の闘いをされてきた大先輩の淑玉オンニは、「人間の涙の歴史を無に帰そうとする挑戦に、私たちは、決して屈しない」との宣言の下、「のりこえねっと」を立ち上げ、差別に対して「社会的に勝つ」ことを目指して幅広い層に呼びかけ、多様な運動を展開されている。

淑玉オンニは、講演などの際にいつも「みんな、生きようね！」と声をかける。その意味が、やっとわかった気がする。レイシストなんかに笑われながら殺されたくない。そして、誰も殺したくない。差別することは、誰かを殺すことと同じだ。この社会で精いっぱい生きたい。

荒川の河川敷で、私はずっとたたずんでいた。

「こんな悲しい出来事を、あなたたちは二度と繰り返さないで」

まるで91年前に犠牲になった人たち、自分の同胞たちの声が聞こえてくるようだった。

繰り返さないために、私に今、何ができるんだろう？

差別はネットの娯楽なのか

私がチャンネル桜に出演した理由

2010年の夏にNHKで放映された番組について「サーチナ」に書いた私の記事「日韓討論番組、崔洋一監督の『歴史を語る資格はない！』が視聴者に波紋」（10年8月15日付）が発端となり、私は「チャンネル桜」に出演することになった。古谷経衡氏からの出演依頼だった。著述家で若手の保守活動家である古谷氏は、NHKの同番組で崔洋一監督に対して日本の植民地支配についての意見を述べたことがきっかけとなり、チャンネル桜で「さくらじ」という番組のパーソナリティーを務めていた。今回はNHKの番組の放映から1周年を記念するテーマの番組にしたい、とのことだった。

自分が記事を書くことは誰かの人生を切り取ることで、悪く言えば晒《さら》すことでもある。自分がある意味で暴力的な仕事をしているなかで、一度逆の立場になってみたいとも思っていた。京都朝鮮学校襲撃事件などについて考えていた時期でもあったし、ツイッターで在日としてターゲットになり始めていたことも影響していたと思う。何より、かつて古谷氏についての記事を書いて「晒した」くせに、自分が逃げるのも卑怯だとも思った。それで出演を引き受けた。

出演するにあたっては、一部の友人知人から猛烈な反発を受けた。「あのチャンネルがどれほど排外的な番組を流しているか知らないわけではないはず」、「レイシストの片棒を担ぐ気か」といった意見が大半だった。

私は普段ネットでニュースを書いているが、そのニュースはネットを見た人にしか伝わらない。ネットは自分が見たいものしか受け取れないメディアだ。私は差別や在日について日頃から多々発言しているが、元から理解ある人には伝わりやすい一方、保守や右翼的な傾向にある人にはまったく届いていないと感じることが多い。そちら側へこそ伝えなくてはならないことがあるのではないか、そのためにはそちら側へ赴くことも必要なのではないか、そう思っていた。

チャンネル桜に出れば自分が晒される対象になる。私はバカだし想像力も少し足りないので、自分が体験しなければ心底から理解できないことが多い。もしかして傷つくかもしれないけれど、そうすることで差別や在日を取り巻く得体のしれない空気をもっと理解できるのではないか、差別を今現在、進行形で受けているほかの人々の痛みを共有できるのではないか、とも考えた。

自分がネットで消費されることで、差別と、差別には至らないまでも排外的な「何か」を受け止めてみたかった。それがチャンネル桜に出た理由だ。私は大真面目だった。

とにもかくにも、私はチャンネル桜の古谷氏の番組（「さくらじ」11年7月23日放送）に出演した。お題は「日韓問題特別討論～いま見つめ直す日本と韓国～」。私と古谷氏を含め出演者は4名。

番組前半の回では、「日韓併合が植民地支配である」と言った私に、観客席から「日本で生まれ育って教育まで受けたのにそんな考えかたとは。（在日は）日本に生まれて不幸」という発言を受けた。「考えかた一つを取り上げて、他人の人生を否定する権利は誰にもない」と思うし、実際そのように返した。民族名と日本名については、「民族名を名乗ることで不利益が生じるということがあってはならないが、この日本社会では残念なことにそうではない。どちらの名前であれ、自分で選んだ名前が本当の名前ではないか」とも主張した。

しかし前半もそうだったが、後半の回での「在日や外国人は日本の〝ゲスト〟」、「在日は日本人ではないから同じ権利を求めるほうがあつかましい」、「日本はほかの国に比べて外国人に寛容」などという言葉に遭遇するたび、私は絶句してしまった。

ネット上では「論破された」とはやし立てられた。口調は丁寧でも自分の存在を否定されるような言葉を突き付けられた時、思考は停止し、言葉が出なくなるということを私は初めて体験した。後にそれが「沈黙効果」というものであることを知るのだが、差別はあらゆる意味で人を黙らせるという。私は、差別とは何かについて何もわかっていなかった自分を知った。

自国にいる外国人（特に旧植民地出身者・移民者）を「ゲスト」としてみなすのは、自分と異なる他者を排斥することを取り繕うためだろう。一見ゲストという言葉は他者を尊重しているように見える。が、そのように「みなす」ことで、実際は自分を日本と一体化させ、自身が主人であり他者を部外者と位置づけることができる。それは偶然に過ぎない出自によって自分の存在を優位に保ちたいという欲求の表れでしかない。

私は番組の放送前から寝込んでいた。しかし放送当日、つらかったけれど番組を見た。ツイッターでは平気なふりをしていたけれど、怖くて泣くこともできなかった。

この番組の放送直後に、安田浩一さんから連絡があった。「チャンネル桜を見ました。どうして出たんですか。あんなひどい番組に出て、あの放送を見て涙が出ました」

その頃私は安田さんを、在特会を追いかけているジャーナリストだということで、ツイッターでフォローはしていたが、まだお会いしたことはなかった。突然のメッセージに驚いたが、それを読んで、なぜかすごくほっとした。ほっとしたら涙が出た。「そうだ、自分はひどいことをされたんだ」とやっとわかった。ようやくちゃんと傷ついて、そして泣いた。

それからしばらく後の2013年秋、今度は野間易通、高英起《コウヨンギ》（ジャーナリスト、「デイリーNK」東京支局長）、金展克（弁理士、当時「CRAC」メンバー）の3氏と一緒にチャンネル桜に出演し、「在日特権」などさまざまな「在日問題」について議論することになった。

この出演依頼の際には番組側から、私一人では番組的にもフェアじゃないので、在日側とする知識人を紹介してほしい、もしくは出演依頼をしてほしいと言われていた。

この話を受けた時、本当は誰かに止めてほしかった。心でそう願いつつも、ある知人に出演依頼すべく「またチャンネル桜からの出演のオファーがあった」と電話した。すると、「保守系の番組に出ても意味はないと思う」とあっさり言われてしまった。「依頼する前に察してくれるのでは」などと期待していた自分が、なんだかものすごく格好悪いな、そう思ったら笑えてきた。「ああ、それでも私は出ます」とだけ言って電話を切った。そしてまたいっぱい泣いた。

その後、ちょうど『「在日特権」の虚構』を出版することになっていた野間さんに電話した。「あ、いいよ」と即答だった。英起オッパも展克君も快諾してくれて、本当にありがたかった。

日本人のカウンターの野間さん、在日だけど組織に属さずフラット、法律などにも詳しい展克君、そして共和国をちゃんと批判できる人として英起オッパ。自分に考えられる最強メンバーがそろった。2年半前にタオルケットにくるまって泣いていた自分が救われたような気がした。

しかし番組放送直後、予想していたこととはいえ、ネット上でのすさまじいバッシングがまた始まった。そしてまたしても寝込んだ。ネット上にあふれる自分の画像、そこに付随する罵詈雑言《ばりぞうごん》。今回はドクターストップがかかり、ネットからしばらく離れた。

朝起きて洗面所で鏡を見ると、ネットの中と同じ顔が映っていた。当たり前だ、自分の顔なんだから。でも発作的に違う姿になりたいと思い、髪の毛をつかんでざくざくと切った。バカみたいと思ったけど、涙が止まらなかった。そしてツイッターも休止した。

日本に生まれて育ったこと自体がアウェーなんだから、今さら怖くない。でも、つらい。そういう狭間であがき続けることしかできない。バカで才能もない分、体を張るしかない。そして、差別を可視化できたらな、とだけ思う。

また次に出演することがあったら、ぜひ視聴してほしい。その機会がなかったら、過去の出演時の動画を見てほしい。きれいな、上品なヘイトスピーチの前で絶句する私を見て、そして、何かを感じて下さい。

「差別を比較して意味があるのですか?」

「チョンは差別されて当然。殺されて当然。だって人間じゃないんだもの^^」

「チョンの本性を知ってる日本人は、シナチョンにはらわたが煮えくりかえってる事に、気づいたほうがいい。図に乗るのも大概にしろ」

「チョンは母国へ荷物まとめて帰れ!」

「朝鮮人を一人ずつ追い込んでやる」

「寄生虫」

「朝鮮人には産まれながらにして人権なんかないって笑」

今日もツイッターのメンション欄は、見ず知らずの人からの暴言で埋まる。殺人予告や嫌がらせも多発しているので、警察への相談は何度もしている。書類送検になった事件もあった。

ネットだけでなく、リアルな街角で「朝鮮人を殺しに来た」と叫ばれたこともある。最近では「朝鮮人を射殺しろ」「大虐殺」など、聞くもおぞましい言葉が並ぶが、在日コリアンで民族名を名乗って生きるということは、こういうことだ。

とある週末もある外国人の女性タレントへの発言に関連し、私のメンション欄は罵詈雑言《ばりぞうごん》で埋まった。よっぽどだとブロックするが、たいていは一つひとつに返事をする。相手にその発言のおかしさをわかってもらうため、日本の社会にある差別とは何かを周りと一緒に考えるため、等々いろいろ理由はあるが、自分自身がこのような差別表現に「慣れない」ためでもある。

以前、安田浩一さんに「あんな（暴言を浴びせ続けられる）現場はつらくないの？」と聞いたことがある。「悲しいけど、慣れた」と安田さんは答えた。「私はいつまでたっても慣れない」と言うと、「慣れちゃ駄目だ」と言われた。なんやそれ、ひどい！　と思ったけど、自分が自分であり続けるためには仕方がない。

ツイッターでネトウヨ相手に返事をしている最中のこと、突然あるジャーナリストからのコメントが付いた。

「へ～　こんな　ネオナチみたいな　ゼノフォビア　レイシストが　日本にも　おったのか　おお《ママ》ちぶれた　アメリカの　田舎モノみたい　呵々大笑」

私は「めっちゃ多いですよ」と返事をした。すると、

「私には日本人もコリアンも『世界で一番異文化に偏見が強い文化集団のひとつ』に思えますが。本土コリアンの在日コリアン差別、在米コリアン差別もひっどいですよ～　日本人のコリアン差別も顔負け。笑」

続いて「ネットにいる　連中は　世界標準の　言葉でいえば　ただの『ゼノフォビア』（外国人嫌い）『レイシスト』（人種差別信者）であって　『ネトウヨ』とか『右翼』とか呼んでやるのももったいないと思います」との返事があった。

私はふとこれらの発言を疑問に思い、「差別を比較して意味があるのですか?」と問いかけた。「今、ネット上でヘイトスピーチにさらされている人間に向かって『どこの国にも差別がある』『どっちもどっち』ということが、どれほどひどいことであるのか、一度考えてみたほうがいいですよ。差別を肯定しているのと一緒」とも付け加えた。

やりとりの顚末《てんまつ》は「ジャーナリスト李信恵 rinda0818氏と烏賀陽弘道 hirougaya 氏とのやりとりまとめ」(http://togetter.com/li/400835#c807600)に詳しいが、私が問題にしているのは、目の前でヘイトスピーチが繰り広げられているにもかかわらず、烏賀陽氏がほかの差別の話をもち出した点だ。これは「やりとり」の中でも触れたが、「告発を無力化する話法」そのものだろう。

私たちには当たり前だけど心がある。けれど、そういった当たり前のことを置き去りにされることがたくさん起こる。今回のように「冷静にジャッジされる」こともまた、当事者にとってはとても不愉快だ。烏賀陽氏による「差別の比較」は、目の前の差別をなかったことのように、大したことではないかのように、矮小化してしまう危険性もはらんでいる。

これはDVや女性問題、ほかのあらゆる差別問題にも置き換えられると思う。たとえば女性が男性に一方的に殴られ血を流している現場に遭遇した時に、「世界のどこの国でも女性はそういう状況に置かれている」とか「もっとひどい目にあっている人を知っている」と解説しだす人がいたら、そいつは異常だ。普通ならまず助けようと思うだろうし、血を止める方法を探すだろう。

でも差別や社会問題の多くは見えにくいし、見ようともされない。目の前で傷ついている人がいてもその痛みは見えず、想像すらされず、スルーされてしまう。

もし当事者に自分の差別性を指摘された時、私だったらどうするだろう。やっぱり今回の氏のようにとまどって、指摘した相手を攻撃してしまうだろうか。でもそれは、傷ついた相手をさらに暗闇に突き落とすことに等しい。誰かに差別的な発言をして不愉快な思いをさせたのなら、まず謝罪することと、それが大切だと思う。誰だって気づかないうちに人を差別してしまうことはあるだろうし、傷つけてしまう時だってある。指摘されたその後が一番問題だし、大切だ。

＊

この一件があった半年後、路上での差別街宣やデモが活発化するなかで、カウンターと呼ばれる人々が立ち上がった。当初はカウンターが暴力的に見えたこともあって、賛否両論が巻き起こった。「差別をする人たちはひどいけど、暴力的なしばき隊、男組のやりかたにも賛同できない。どっちもどっちだ」という声を、嫌というほど聞いた。

「差別を比較する」ことや「どっちもどっち論」はどこか似ている。最大の問題は、目の前にいる被害者を置き去りにすることだ。そして差別者を放置し、差別そのものやその痛みを見えにくくあいまいに、他人事にしてしまう。

これらの言説が厄介なのは一見それが客観的な、公正なジャッジメントに見えるからだ。在日コリアンに友人がいると公言する人でさえ、「どっちもどっち」と言ってしまう。そういう人は往々にして別の差別の現場では心を砕き被害者に寄り添っていたりもする。時には自身が被差別の経験者であったりもする。だから「自分は差別を知っている」と勘違いしてしまうのだろうか。

マジョリティはマイノリティがもたない権利を既にもっている分、特にその権利が見えにくい。生まれつきあるものは意識することも少ないからだ。マイノリティはいつも「もっていない」ことを意識させられている。たとえば選挙権でも、その他さまざまな権利でも。

また「差別をされない」ということもマジョリティの特権だ。それを意識することは少ないだろう。マジョリティが差別されることは特別な場面でしかないし、多くの人はそういう境遇に自分がおちいるかもしれないといった危機感ももたない。

安全な位置からのジャッジもそれと似ている。自分が冷静に、客観的に差別を分析するその時点で、「当事者ではないからこそできること」だとは、誰も思わないだろう。傷つかないポジションにいられる気楽さを、もっている人は気がつかないものだ。

件《くだん》のやりとりから2年近くが過ぎて、ネットでもリアルでも同じような議論が繰り返されていることを残念に思う。そしてこんな議論に遭遇するたびに、なんとも言えない不快感を覚える。言葉のナイフで切り刻まれた私たちの心から噴き出す血は未だ見えないのだろうか。

差別を比較することや「どっちもどっち論」は、形を変えた無責任さかもしれないと、ふと思った。それこそがきっと差別を育てる。エサ、やんなよ。

ネット右翼と「まとめサイト」

在日コリアンが実名でツイッターをやっていると、誰もが一度はネトウヨ的な人や排外主義者に絡《から》まれる。在日コリアンに関する問題から日韓の歴史、韓国の政治、共和国の問題まで、あらゆる角度から「議論」という名の難癖《なんくせ》や、無邪気&素朴な「質問」と称した嫌がらせを受ける。

これまでの回答を1回100円で計算しても、きっとひと財産築けただろう。無料で答えてどんだけサービス精神旺盛なんだ。毎日みんながあきれるほどのやり取りを繰り返してきた。これが何かの役に立っているのかな。時々、賽《さい》の河原のようだとも思う。

たとえ悪意はなく、自分はたった一つの質問のつもりで、それが初めてのことでも、在日コリアン側にとってそれは何度も繰り返し語ってきたことだったりする。見知らぬ人からのメンションが届くたびに、その内容を見てため息をつくことも多い。そういったわずらわしさや不愉快さからツイッターをやめ、フェイスブックへと移行した在日コリアンを何人も知っている。

その中でも、@neon_shuffle（以下、ネオン氏）というアカウントの人物は、在日コリアンや、在日コリアンに好意的な日本人に対して、執拗にメンションを飛ばすことで知られている。私もたびたびやりとりをしたことがあるが、先日もある友人のTLで目にした。

その友人とはリアルでも交流のある在日コリアンの青年、@Bong_Lee氏（いつもは凡ちゃんと呼んでいるので、以下凡ちゃん）だ。彼のつぶやきにはいつも心を揺さぶられる。

「ここ数日ネオンくん@neon_shuffleと話したけど、やっぱりちょっとよくわからない言葉を投げかけられて困惑している。『在日が日本でのうのうと暮らして民族教育受けるのは本土の人の飢餓や貧困をそのままにしてる、差別だ。そんなお前はクズだ、死ね』みたいなことを延々と言われてる。」

「ネオンくんがいつものように絡んで来たきっかけは朝鮮学校の無償化除外の件で俺がつぶやいたことを見つけたことだと思う。日本で生まれ育った俺に対して『朝鮮へ帰れ』というのも平常運転なんだけど、こういう言葉を投げかけられることに慣れつつあるのもまた怖い。@neon_shuffle」

ちょうどこのつぶやきの少し前、朝鮮学校の無償化除外、補助金問題についての報道が相次いでいた。共和国の核実験の時もそうだが、朝鮮半島で事件が起きると矢面に立たされるのはいつも在日コリアンであり、朝鮮学校だ。ネット上でもそれは変わらない。

「在日のほとんどは日本で生まれ育ち日本で死ぬ。民族教育は自分達のルーツを求める自然な欲求だと思うし、世界中で色んな人たちが色んな試みをしている。自分のルーツの言葉や文化、歴史やその他もろもろを学べるっていう環境を整えるっていうのは、やっぱり重要だと思う。@neon_shuffle」

「朝鮮学校無償化除外の問題は朝鮮民主主義人民共和国（北朝鮮）の拉致問題とミサイル、核開発が進展しないからというものだけど、朝鮮学校の生徒たちがどうやって関与できるのか、ネオンくんが『お前が朝鮮の人間を餓死させている』というのと同じくらいわかんない。@neon_shuffle」

高校まで朝鮮学校に通い大学から日本学校に進んだという彼は、朝鮮学校と日本の大学、総連や韓国、共和国、そして日本社会に対する自分の等身大の思いを淡々とネオン氏に語りかける。

彼自身は日本の大学で学びさまざまな人と出会ってきた一方で、ネット上では差別があふれかえる状況になっていった。現在では現実の世界にまで飛び火して「死ね、殺す」という言葉が路上に響きわたっている。それらと対峙することのつらさなど、まるで自分のことのようにうなずきながら、時に胸が締め付けられる思いのなかで、彼のつぶやきを読んだ。（全文はTogetterの「ぼん（Bong_Lee）さんによる、ネトウヨと朝鮮学校の補助金問題などに関するコメント」http://togetter.com/li/460029をどうぞ。）

ラストの、

「正直ネットつらいなと思って、そろそろやめようかな、と思ってたんだけど、まぁもうちょいと頑張ろうと思ったきっかけがあったんですよ。それはとある大学のとある学生が、うちらのことに興味持って話を聞いてくれて、文章を書いてくれたこと。とても勇気がわいたんだよ。

俺に勇気をくれたのは若い日本人。そういうのがさ、いいよね。なんかさ、いいよね。」

という部分まで、つぶやきを追いかけた。まるで青春小説を読んでいるかのような感覚になり、読後は炭酸水を飲んだ時のような爽やかさに包まれた。

ツイッター上でも、凡ちゃんに対して「私の尊敬してる人」、「正直、凡さんみたいな人が東アジアの希望だと思います」、「感動した！」、「凡君に何かおごりたい」といった声が数多く並んだ。強い言葉、誠実な言葉はこんなにも人の心をつかみ、安心させてくれるものなのだと思ったし、TLが久しぶりに明るい話題で包まれた夜だった。

最初にこのつぶやきが始まった時、「もしかして凡ちゃん、ツイッターやめちゃうのでは？」と思い、そうであれば延々彼に絡んだネオン氏を許さないと早合点したが、まずは安心した。

しかし一夜明けた朝からは、いつものように残酷な日々が始まった。凡ちゃんのつぶやきが「在日韓国人のBong_Leeさん　『最近ネトウヨに死ね、殺すみたいなことを延々と言われてる』」と題して、2ちゃんねるで取り上げられていた。そこから派生した「まとめサイト」は、途中で読むこともできない惨《むご》さだった。

私は2ちゃんねるは玉石混淆であり、匿名性のヘイトスピーチも多いとはいえ、独自の文化も生み出していて、すべてを否定することはできないと思っている。問題は「まとめサイト」だ。

まとめサイトの多くはネット右翼と呼ばれる人々をターゲットに絞り込み、それらを煽るような作りに特化している。2ちゃんねるの中にある差別的な書き込みばかりを抜き出し、それを色つきの大きな文字で飾る。まとめサイトだけを読んでいたら、在日コリアンに対する差別やヘイトスピーチがこの社会の一般的な意見であると思い込んでしまうだろう。多くのネット右翼も、自分の差別意識を正当化するために読むのかもしれない。

「ネット右翼ってどういう人なんだろう？　ネオンくんってどんな人なんだろう？　ってよく考える。『死ね、殺す』という言葉を安易に使う人たち。ネオンくんは『嫌がらせ、厭味』といってたけど一日のうち多くの時間を〔割いて〕人を嫌がらせる言葉を捻り出すモチベーションは何なんだろう。@neon_shuffle」

「らちが開かないので『会おう、焼肉食いに行こう』と何度も誘ったけど全部断られている。彼はこの先『死ね、殺す』と街角で叫ぶ人たちにちやほやされながら、社会のぬかるみのようなところでいつまでも同じ『嫌なこと』を書き続ける無残な物書きとして生き続けるのだろうか。@neon_shuffle」差別意識を抜き出し増幅させるまとめサイトと、在日コリアンにある種の憎悪を抱き延々と絡み続けることでネトウヨの支持を集めるネオン氏が、私には重なって見えた。どちらもネットの深い闇を体現している。

その後もまとめサイトの在日への攻撃性は、日々加速度を増していった。なかでも「保守速報」などは、私の名と差別的な言葉を絡めて日々スレッド（電子掲示板などである一つの話題に関連する投稿を集めた枠）を立てる。つぶやきをわい曲され「反日」に仕立て上げられ、攻撃の対象にされる。

濃縮されたネット上の暴力とどうやって闘えばいいのか。闘うことなんて好きじゃないし、本当はくだらない話で大笑いし、美味しい日韓の料理の話でおなかをすかせたい。

今日も朝からメンション欄を見てはため息をついて、そしてネット右翼に返信を続ける。それは、実は自分を励ます行為なのかもしれない。「死ね、殺す」という人たちに、逆に「生きろ」と言ってやる。

「本当はそういう言葉を聞きたいんじゃないの?」って。

帰化すればいいんじゃないですかね？

ある日、「ガジェット通信」に書いた私の連載記事の内容に関連して、元2ちゃんねる管理人のひろゆき氏から「帰化すればいいんじゃないですかね？」という発言を受けた。

「帰化すれば差別はなくなる、なのになぜ帰化しないのか？」との意味だと思うのだが、その疑問に答えつつ「帰化」について考えてみたい。

「帰化」とは、ある国家に住んでいる外国人がその国家の国籍を申請し、国家が外国人に対して新たに国籍を認めることだ。在日コリアンで民族名を公言している人なら、誰もが一度は「なぜ帰化しないのですか？」という質問を受けたことがあるだろう。「ほっとけ」と思うけど、ほっとかれないのがネット上での在日だ。そもそも「なぜ帰化しないのですか？」という質問には、「帰化すべき」という前提があるように感じる。同じ国籍じゃないと平等に扱えないという考えが前提としてあるのだろう。国籍の違う人に権利を与えることがそんなに不安なのだろうか。

「帰化」という言葉には「ルーツを忘れ国籍を捨て去らねばならない」という無言の圧力がある。民族のルーツが色濃く残る家庭やコミュニティに育った人なら、違和感をもつ言葉だろう。

帰化するかしないかは在日コリアンである本人の自由。にもかかわらず、私が帰化しないのはなぜか。私は「帰化する理由がないから」と答えている。

もし自分がサッカー選手で、日本代表の道があるなら、日本国籍を取得するかもしれない。また私の国籍が韓国であるために子どもに不利益が生じることがあるなら、日本国籍を取得するだろう。現在のところ子どもにも不利益は生じていない。

間違えちゃいけないのは、「不利益は生じていない」ということは「差別はない」ということではないということ。日常生活に支障がないだけで、差別は「普通に」ある。差別は確かに「不利益」かもしれないが、差別は糺《ただ》されるべき不正義だと私は考えている。

私は25歳でパスポートを取得するまで無国籍だった。日本での出生届は出ていたので、外国人登録証の国籍欄には「韓国」と記載されていたが、本国の韓国（大韓民国）には戸籍がなかった。在日ではそういう人は珍しくない。国籍（戸籍）がなくとも、永住許可があれば日本では生きていける。また「朝鮮籍」の「朝鮮」は朝鮮民主主義人民共和国を指すのではなく、地域を示す記号にすぎないので、「朝鮮籍」の人も事実上は無国籍状態である。

在日コリアンの中にもさまざまな考えかたがある。韓国・朝鮮籍を保つことが民族の誇りと思う人もいるだろう。私もルーツのある国について考えたり、かすかなつながりを感じたりもする。こだわらない人もいるだろうが、そこにこだわりたい人もいるのだ。

国籍が変わっても、育ってきた環境やそこにまつわる思い出、ルーツは変わらないという考えかたもあるだろう。自分のルーツが尊重される社会であれば、もっと日本国籍を選ぶ人が増えるかもしれないな、とは考える。

だがたとえ帰化したとしても、日本人として認めようとしない人も少なからずいるのが現実だ。自殺した政治家の新井将敬氏も、出自について理由のない非難を浴びせられた。ソフトバンクの孫正義氏に対しても同様のことがある。そういう意識こそまず変えなければいけないのではないか。

私の家庭の中にも、法事や食卓などに朝鮮半島を感じさせるものがあった。父母はほとんど朝鮮半島の言葉を話さなかったけれど、それでも朝鮮人として生きた。父は早くに亡くなったがずっと朝鮮籍のままだった。なぜ朝鮮籍のままだったのか。その意味は聞けないままだった。

私自身は、「韓国」という国籍が、やはり「何か」をつなぐものだと思っている。国籍を変えることは、その自分にとってのかすかなつながりを断ち切ってしまうことになるのではないか、と考える。少し古い世代の考えかたかもしれないが、朝鮮の言葉も文化も決して馴染み深かったとはいえない私にとっては、やはり国籍も自分のアイデンティティを形づくる大切なものなのだ。

帰化する人もいるし、しない人もいる。それが当たり前に受け入れられる、そんな社会こそ豊かな社会だと思う。自由に選択でき、平等に扱われ、差別をうけない社会こそ素晴らしい社会なのではないか。

何かを愛したり、大切に思ったりすることは、国籍が「同じ」じゃなくても可能だと思う。

私は日本が大好きだ。私は在日として、この日本を愛し、この日本で生きたい。

外国人女性タレント・フィフィさんという生きかた

2012年ぐらいから、生活保護バッシングが激しさを増した。ある芸能人の母親が生活保護を受けていたことが不正ではないかとされ、その芸能人が謝罪会見まで行う事態にもなった。

そんな折、エジプト出身のタレント、フィフィさんがツイッターに投稿した内容が話題となった。彼女のつぶやきに関しては以前から疑問に思うところもあり、この機会にどこがおかしいのか考えてみることにした。

彼女は生活保護に関連し、ツイッターで、

「在日外国人の1人として言わせていただきます。外国人が生活保護を受けること自体が不自然です。自国から拒否されてるわけで無いならなぜ愛する母国に帰らないのか?」と述べた。続いて、「恩恵を受けているなら、文句を言うな。文句を言いながらおねだりすれば、それは〝たかり〟と言われても当然。プライドがあるなら自らを偽るな」とつぶやいている。

生活保護の「不正受給」問題については多くが語られているので割愛するが、基本的にこの社会の最後のセーフティネットである生活保護の受給を「たかり」と言ったり「恩恵」と捉えるのは間違っている。それを恥だと思わせるような発言は偏見を増幅させ、困窮者を死に追いやる。

本来問題にすべきところは、年金額や最低賃金が低すぎることだろう。彼女のつぶやきは、生活保護受給者が増える社会の構造的背景については一切触れられていない。怒りを向けるべきは国や行政のはずなのに、フィフィさんの怒りは社会的マイノリティである外国人に向けられており、怒りの矛先をそらす片棒を担がされているような印象を受ける。

私もよく「日本に不満があるなら国に帰れ」と未知の人からメンションを飛ばされることがある。「帰るのは国ではなく家族の待つ家だ」等と答えるものの、大変不愉快な気持ちにもなる。

生まれ育った国と国籍が違う人間が、今現在営んでいる生活を捨ててどこかに「帰る」ということは、事実上は不可能に近い。それを承知で「帰れ」と言うのは、自分が気に食わない他者を黙らせたいだけだ。差別とはこの社会から特定の人たちを疎外することでもある。だから「帰れ」は究極の差別語だろう。差別とは相手の心を殺すこと。「帰れ」は「死ね」と言っているに等しいと思う。

フィフィさんは朝鮮学校の無償化除外問題についても語っているが、その基本的認識に著しい誤認がある。不幸なことに現実の世界では、それを彼女にきちんと指摘する人物はいないようだ。またネット上での指摘にも耳を傾けずにいる。（※朝鮮学校の無償化除外問題については、165頁参照。また、彼女の一連のツイートと金明秀「朝鮮学校『無償化』除外問題Q&A」WEBRONZA（朝日新聞社）SYNODOS JOURNAL http://webronza.asahi.com/synodos/2012051100001.html を比較してみるといいだろう。）

発信力のある彼女の間違った知識に基づくつぶやきは、ヘイトを発する者たちに利用される。これは2011年に韓流やフジテレビを批判して話題になった俳優の高岡蒼佑氏や排外主義者に担ぎ上げられて有頂天になっている政治家の片山さつき氏にも同じことが言える。

自分の唱える正義が、誰かを結果的に傷つけるものとして利用されたとしたら、また誰かにとってだけ「都合のいい」正義に加担するなら、もはやそれは正義とはいえない。さらにそれが差別を正当化させる後押しになるとしたら、それは既に形を変えた新しい差別ではないのか。

ただ彼女のような発言は、成功した在日コリアンや移民の一世などにもみられる言説ではある。自身の力で道を切り拓いてきたというプライドから、「差別はなかった」、「努力すればいいだけ」といった語りはよく聞かれる。そうしてマジョリティと同化することで自らを守ることもできる。同化が美徳である日本という国ではなおさらだろう。

生活保護を外国人でも受給できるのは、在日の一世、二世たち先人がその権利を勝ち取ってきたからでもある。社会からこぼれおちてしまうことの苦痛を、私たちは誰よりも知っている。

たぶん彼女らは、直観的にどのような発言をすればウケるのかを知っている。マジョリティの漠然とした差別心を肯定し、後押しする言葉。ヘイトスピーチは、直接的な差別語だけでなく、外国人に対する差別意識や憎悪を煽る言葉でもある。

だからこそ、彼女や彼らの罪は深い。

ヨーゲン氏

ジャーナリストの安田浩一さんは2014年1月5日、在日コリアンに対しツイッター上などでヘイトスピーチを繰り返すヨーゲン（または佐藤幽玄）氏の自宅を訪問したことを、自身のツイッターで明らかにした。ヨーゲン氏は執拗なヘイトスピーカーとしてネトウヨ界隈では名の知れた人物だ。

「本日、ヨーゲンさん宅を取材で訪ねました。彼がなぜヘイトスピーチを繰り返すのか、その理由を聞いてみたかったからです。実はこれまでに数度、彼の地元に足を運び、周辺取材を重ねていましたが、直接に『当てる』ことはしませんでした」……

訪問時の様子は、10連続でツイートされた。その直後、ヨーゲン氏はこれまで自身が行ってきたことは棚に上げ、ひたすら言い訳と保身に走った。

「右翼弁護士求む！　訴訟問題　ヨーゲンまで連絡してください！」

「取材で取得た個人情報でも本人の意思に反して使われることは違法行為です。まして、今いわれの無い違法行為とかで事実無根で第三者の伊藤あたりから脅迫され、安田氏も脅迫している。しかし私にはまったく後ろめたい事はないから刑事告訴間違いなくします。金かけずにすむ」

私は初めて安田さんのツイートを見た時、ただすごいと思った。ヨーゲン氏の自宅を探し当てる記者としての執念や矜持《きょうじ》を目の当たりにして、胸が苦しくなった。知らないうちに涙もあふれてきたが、同時に怖くなった。これまで数え切れないほどのヘイトスピーチをまきちらしてきた人間が、匿名という衣を剝がされたとたんに見せるぶざまな姿を見て、なんともいえない気持ちになった。

そして、もしも彼に家族がいるなら、彼がしてきたことを見て、彼が発したつぶやきを見て、何を思うだろうとも思った。

私は何年にもわたって、ヨーゲン氏にひどいメンションを送り続けられてきた。私が在日コリアンの女性であるため、その大半が民族差別と性的な侮辱が入り混じったものであり、いわゆる「複合差別」に苦しめられた。日本軍元「慰安婦」を揶揄《やゆ》したり、なぞらえられたりもした。時にはおぞましい画像や動画のURLも貼り付けられた。

私は2013年の2月には「しまふくろう」氏を脅迫で警察に訴えたが、実は彼だけではなく、複数の人物も訴えていた。ヨーゲン氏もその一人だった。しかし、当時は刑事では事件化が難しいというのが警察の答えだった。「現行法で対処できる」とよく聞くが、そんなの嘘だ。

その後、反レイシズム運動で活発な活動を展開されてきた伊藤大介さんもツイッターで、「ヨーゲンを提訴したい人はお知らせくださいね。住所氏名お知らせしますよ」とヨーゲン氏の身元を特定していると示唆したところ、さらにヨーゲン氏は激しく反応した。ツイッター上でしばらくやりとりを交わしていたが、ヨーゲン氏は最終的には観念したように、

「わかったお前に服従するからなんでもほしいものを言えかなえてやる」

「明日は反省して自首します。これでいいですか？」

と記した。

安田さんがヨーゲン氏の自宅を訪問して1週間が過ぎた頃、2ちゃんねるではこの件に関するスレッドが6まで伸び、「祭り」はしばらく続いた。ツイッター上でも安田さんや伊藤さんへの喝采と、ヨーゲン氏への非難が飛び交った。

それでも私は、まだヨーゲン氏が怖かった。

ヨーゲン氏にぶつけられたひどい言葉はこの先もネット上に永遠に残り、何かの拍子に巡ってくる。ネット上で行った差別は、消えることがなく、拡散し続けて行く。

この話題に関連して、ヨーゲン氏は私の名前を挙げてさらに侮辱を重ねた。

「質問、人が厳重に保管してた盗んだ個人情報って、その盗人の正義感で勝手に使えるんですか？　たとえば、俺が李信恵さんをトンスルなんとかで、罵ったって、安田くんが、おい！　訴訟起こす、場所も名前も特定してるんだぞとか、使えるんですか？　やるのかお答えをお待ちします」

朝鮮人であることも、女性であることもずっと踏みにじられてきた。彼が、自分がしてきたことの罪の重さを知る日は、反省する日は訪れるのだろうか。そして、彼のフォロワーの一部は、彼の行為を肯定し、それを拡散し続けてもいた。

昨(13)年1年間は、路上に飛び出したヘイトスピーチが激しさを増したが、それらへのカウンター活動や反レイシズムのうねりが大きくなった年でもあった。けれど、ネット上の差別はずっと消えずにくすぶり続けている。

この一連の出来事があったのは、私が民事訴訟を起こそうと考え、自分の被害の証拠を集めて確認する日々の中でだった。そんなこともあって、私は安田さんが1月に大阪に来られた際に、どうやってヨーゲン氏の在所を調べたのか、どんな背景があったのかを直接会って尋ねた。

安田さんは、

「信恵ちゃんのために探した。『ネトウヨの集中砲火を浴びている信恵ちゃんの痛みは自分の痛みだ。あなたは一人じゃないと伝えたい』という在日の女性たちが、ヨーゲンが福島県いわき市に在住であることをネットを駆使して突き止めた。あとは、一軒一軒探した」と教えてくれた。

私を心配してくれる人たちが、ネットの向こうにいた。一人ぼっちじゃなかったと思ったら、泣けた。私も、誰かの痛みをちゃんと引き受けられる人になりたい。そう思った。

ヨーゲン氏はその後6月、商標法違反で逮捕された。7月にはコンピューターソフトのプロダクトキーの不正販売で再逮捕された。

プチ許永中氏の時もそうだったが、ヨーゲン氏の逮捕も全然うれしくなかった。彼らは差別の罪で逮捕されたわけではない。かえって悔しさは募るばかりだった。

ネット上で差別に出会った被害者は、どうしたら救済されるのだろうか。自分自身と向き合いながら、今でもずっと考えている。そして、ヨーゲン氏もその家族も、今この瞬間もネット上でヘイトスピーチを繰り広げている人たちも、ちゃんと救われるにはどうしたら……。

ひまわりと菜の花
——福島朝鮮学校の除染作業へ

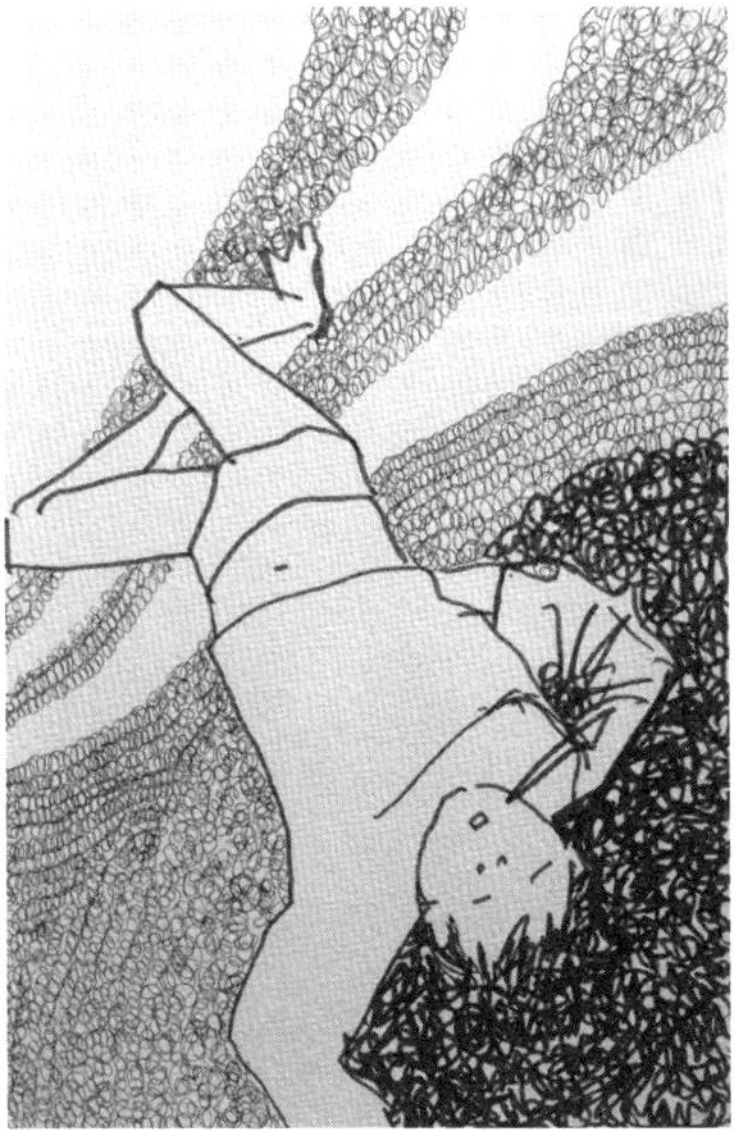

東日本大震災が発生してから3カ月半が過ぎた2011年6月24日、私は福島県郡山市へ向かった。郡山には福島朝鮮初中級学校がある。

3・11の地震と津波による福島第1原発事故で放射能汚染は拡大し、避難地域も広がった。郡山市郊外にある福島朝鮮学校は、第1原発から約55キロメートルの位置にある。

そこに通う15人の全生徒は、5月中旬から新潟にある朝鮮初中級学校で合同授業を行っていた。放射能による子どもへの影響を心配して父母と学校側が協議し、いち早く対策がとられたのだった。

郡山市は先駆的に国より厳しい基準を設けて小中学校や幼稚園・保育所などの除染作業を、行っていたが、朝鮮学校はその対象から排除されてしまった。理由はいわゆる「一条校」として認められていないためだ。

福島朝鮮学校は震災発生直後の3月13日から月末まで、避難所として地域住民を分けへだてなく受け入れた。36名がここで避難生活を送り、そのうち半数の18名は日本人だったという。あまりにも理不尽ではないかと、普通の感覚なら誰しも思うだろう。

しかしそれならば自らでと、学童の父母や卒業生などが奮い立ち、6月5日に第1回目となる放射性物質の除染作業を行ったという。そして今回は100名規模の作業を目標として、大規模な除染活動が行われることになった。

私はこの前日、チャンネル桜に出演しており、収録終了直後に夜行バスで福島へ向かった。友人には放射能が怖くないのかと聞かれたけど、「チャンネル桜に出るほうが怖い」と答えた。

私はこれまで日本の公立学校や日本の大学でしか教育を受けていない。けれど、幼い頃から言葉や文化を学んだのは、朝鮮学校出身者からが多かった。現在も朝鮮学校出身の友人や知人、先輩がたくさんいる。

友人のツイッターやフェイスブックなどで今回の除染作業を知って、しばらく考えた。知ってしまったからには行動を起こさなければ。夫に相談すると、「決めたらどうせ止めても聞かないし、その話をした時から行くと思っていた」と言われた。飛び出したら鉄砲玉だし。

内部被ばくの可能性もあるので、今回は20代の男性や妊娠する可能性のある女性などは参加を控えるようにとの指示もあった。私は落ち着きがないせいで若くも見られるが、11年に40代に突入しており、中学生（当時）の息子もいる。

今回の作業は、運動場西側と体育館まわりの排水溝、校舎2階教室のベランダおよび1階教室のベランダの高圧洗浄、遊技場と寄宿舎裏の表土除去作業、校舎および寄宿舎植え込みの表土除去作業の5項目だった。

一応女性ということで、取材と並行しながら熱中症対策に関連した場所での支援を、との話だった。

在日本朝鮮人医学協会からは医療スタッフも駆けつけ、暑い場所での肉体労働だったが、「自分たちは放射能の専門家ではないが、できる限りの力になりたい」との思いから的確にサポートしていた。

作業に関わった人たちはみんな明るかった。「放射能はいっさい見えないし、何年後に収束するか、今現在、福島原発がどうなっているかもわからない。けど、自分たちよりまず子ども。子どもたちは今避難しているけど、いつか帰って来た時に少しでも安心できるように準備をしておかないとね」と笑っていた。

職員の方をはじめ、同校の1期生で同校と仙台の朝鮮学校のソンセンニム（先生）も務めたという正子オンニ、応援に駆け付けたオモニたち、女性たちは水分の補給や冷たいタオル、昼の食事の準備にと、陰で除染作業を支えていた。

またあるオンニたちは、姫路から自家用車で13時間かけて応援に来たという。私は「大阪のどこの朝鮮学校？」と聞かれ、「日本学校です」と答えると、「何かをしたいという気持ちは一緒。同胞のニョソン（女性）には変わりない」と笑顔。

関東各地からの応援が来るたび、みなが握手を交わしながら挨拶する姿も新鮮だった。握手を交わしたその直後から、まるで昔から知っていた友人や兄弟のように声をかけ合い、息もぴったり合いながら作業は進んだ。

作業の結果、一番汚染がひどかった体育館周囲の数値が、4・9マイクロシーベルトから0・4マイクロシーベルトに下がったと発表があった。なんと、10分の1以下だ。でも、さらにこの10分の1レベルにならないと、安全とは言えないとも聞いた。

数日前には、福島朝鮮初中級学校が「校庭等土壌緊急改良事業」の対象に入るかもしれないとの話があった。しかしその補助の金額は、日本の公立学校の2分の1だという。あるアボジが「うちの子どもらの命は日本人の半分か」と自嘲気味に笑った。

「それでも、一歩前進！」と話す参加者たちの姿は、強くてたくましいと感じた。そうでなきゃ、在日なんかやってられない。大人たちにできることは、子どもが笑って安心して過ごせる社会や場所を作り、守ること。そんな場所をつくってきた人々と接して、胸がいっぱいになる1日だった。

子どもの姿が見えないグラウンドはどこかさみしげだった。子どもたちは2学期以降も新潟の朝鮮学校で過ごすという。次回の除染作業の9月。自分が見た、美しくたくましく生きる在日の姿を、また取材したいし誰かに伝えたい、そう思った。

＊

東日本大震災から半年となる9月11日、4回目となる放射能除染作業が行われた。

今回は、寄宿舎周辺の植え込みや校舎に近い場所など、重機が及ばずかつ子どもたちの生活に密接する場所での表土除去作業が行われる。そして、全国各地から届いた菜の花の種をまき、東日本大震災が発生した時間に黙とうを行う、というスケジュールだった。

菜の花の種をまくというのは福島大学の金炳学《キムビョンハク》先生のアイデアで、菜の花にはセシウムを吸収する効果があるとのことだった。ひまわりにも同様な効果があるとされ、最初の除染作業時にはひまわりの種をまいたという。

私にとって2度目となる除染作業への参加。今回は参加者全員の写真を撮ろう、そして全員から一言ずつでもいいから話を聞こうと思った。福島朝鮮学校出身者には、「あなたがこの学校で、一番好きな場所はどこですか?」と聞こうと思っていた。それが相手が一番聞いてほしい質問なのではないか、それを聞くことが自分の役割なんじゃないか、そんな気がしたからだ。

「食堂とその横の空間」、「運動場の端の坂をへだてたブロックの上」、「遊具のある庭」、「寄宿舎」、「体育館」、「裏山」……。人の顔がそれぞれ違うように、思い出がつまった場所も一人ひとり違う。

「食堂とその横の空間」と答えた人は、自身のオモニが学校の食堂で働いていたからと、その理由を説明してくれた。オモニの働く姿を見ながら育ち、オモニを待ちながら遊んでいたと。男性がオモニの話をするときの顔は、すごく素敵だと思う。急にあどけなくなる。

「体育館」と答えた人も多かった。あるアボジは「そりゃあいっぱいお金を出したからさ」と笑いながら答えた。朝鮮学校は日本政府からの助成金もなく、地域行政のわずかな補助金があるだけだ。その額も公立学校の8分の1、私立の3分の1に過ぎない。過去に共和国からの支援があったとはいえ、大半は保護者やOBなどの寄付によってまかなわれている。

そのアボジは、「自分の子どもたちがみんなこの学校にお世話になった。年寄りでもできることはするし、がんばらないと。恩返し恩返し」と汗をぬぐい、作業へと戻っていった。

「ブロックの上」から度胸試しで飛び降りたというエピソードを話す人もいた。「裏山」と答えた2人のうちの1人は、夜に寄宿舎を抜け出して冒険し、テントを張って夜を明かそうとしたそうだ。当然ソンセンニムに見つかってこっぴどく叱られた、と笑っていた。もう1人は、裏山ではアケビが採れ、それがとてもおいしかったと話した。

校長先生からは、福島朝鮮初中級学校にある松の話を聞いた。校舎の右手の松は朝鮮半島から持ってきた苗から育ったそうだ。

「日本の松との違いは?」と尋ねると、

「日本の松は2本葉だが、これは3本葉」と教えて下さった。

どうしてかな? と、松葉を眺めていたらあるアボジが、

「朝鮮の松は根性が入ってるから」と。なぜかその答えに納得してしまった。

好きな場所で一番多かったのは「寄宿舎」だった。最長9年も過ごしたという人がいた。

2011年9月11日、福島朝鮮初中級学校にて
(いずれも撮影著者)

「友人が兄弟で、ソンセンニムが親代わりだった」と、懐かしそうな目で寄宿舎を見上げていた。彼らにとって学校はもう一つの家でもあったと思う。

「思い出がつまった場所の、その前庭の土を掘り返すのはつらい」と言うその人は、無理矢理に笑顔をつくって、そしてスコップを持ち直して土に突き刺した。私は言葉につまった。除染作業は思い出をえぐり取る作業でもあるようだった。

子どもを新潟朝鮮初中級学校にサテライト疎開をさせていたあるアボジは、「向こうで子どもたちがホームシックにかかり、泣いてると聞くが、安全のためだから仕方ない」とため息を漏らした。

金炳学先生は、「放射能はもちろん怖いが、あきらめることと、先が見えないことが一番怖い。このモチベーションを維持できるのか、それもまた難しい」とつぶやいた。

ばらまかれた放射能は当然のことだが誰にも見えない。この先がどうなるのかということもまた誰にもわからない。不安と葛藤を抱えながら、それでもみんなは除染作業に取り組んだ。

2時46分の黙とうのあと、あらためて校舎を見上げた。子どもたちが笑い、飛び回る横で、松の木が見守り、菜の花やひまわりが、何の役割もなくただ学校の片隅で静かに咲き誇る。そんな日がいつか来ると思いながら、福島初中級学校をあとにした。

京都朝鮮学校襲撃事件
裁判傍聴記

事件の概要

京都市南区の京都朝鮮第一初級学校（現京都朝鮮初級学校）は、日本の小学校と幼稚園に該当する年齢の児童・園児たちが通う学校だ。創立は1946年の朝連京都七条学院にまでさかのぼる。

2009年12月4日の午後1時ごろ、ここに在日特権を許さない市民の会（在特会）や主権回復を目指す会（主権会）の関係者ら十数名が押しかけた。彼らは同校が、隣接する児童公園（勧進橋児童公園）を「不法占拠」していると主張し、校門前で、「朝鮮学校を日本から叩き出せ」、「朝鮮半島に帰れ」、「（朝鮮学校は）北朝鮮のスパイ養成機関」などと叫んで街宣活動を行った。いわゆる京都朝鮮学校襲撃事件だ。

事件発生当時、校内には、交流授業で訪れていた近隣の朝鮮学校の児童も含め、約170人の子どもたちがいた。この街宣は予告されてはいたが、まさか子どもたちのいる場所でひどい暴言を吐いたりはしないだろうとの学校関係者の希望的予測は、まったく裏切られた。

彼らは約1時間にわたり、拡声器を使用して、「朝鮮学校、こんなものは学校ではない」、「こらあ、朝鮮部落、出ろ」、「お前らウンコ食っとけ、半島帰って」、「スパイの子どもやないか」、「キムチくさいねん」、「密入国の子孫やんけ」等々の、書くこと自体が苦痛を伴うあらん限りの罵詈《ばり》讒謗《ざんぼう》を小さな学び舎に浴びせかけた。

　敷地が狭く運動場がないため、学校は、地元自治会と京都市との合意の上で、児童公園を運動場代わりに使っていた。そのため朝礼台やスピーカー、サッカーゴールなどを公園に設置していたが、彼らはスピーカーのコードを切断し校門前に移動させ放置、朝礼台も勝手に運んできてガシャンと門柵に立てかけ、「ボランティアで運んだったんや！　金払え」、「門を開けろ！」、「引き取れいうとんのや！」などと拡声器でがなり立て、脅した。彼らが撮影した映像は動画サイトにアップされた。

　できるだけ子どもたちにこの状況を見聞きさせまいとして、先生方は教室のカーテンを閉めて回り、室内のスピーカーからは大音量で音楽を流したという。

　それでも、当然のことながら、多くの子どもたちは不安と恐怖におびえ、心に深い傷跡を残した。そして先生方や保護者ら大人たちの心にも。

　朝鮮学校の側は、これは特定の民族・属性に対する偏見や差別、憎悪感情による「憎悪犯罪《ヘイトクライム》」だとして、現行法として威力業務妨害などの容疑で12月22日までに京都府警に刑事告訴した。

　一方、在特会らは12月21日、京都朝鮮学校側を都市公園法違反で告発した（この都市公園法違反容疑については、２０１０年９月９日付で、初級学校の校長〔当時〕が京都簡裁から罰金10万円の略式命令を受けた）。

　しかし事件はこれで終わらなかった。刑事告訴後も彼らのヘイト街宣は止まらなかった。

　年明けの２０１０年、在特会らは、「朝鮮学校による侵略を許さないぞ！　京都デモ」を予告し、

1月14日に実施。児童公園を起点にしたヘイトデモは約40名で行われ、平日の昼間に再び醜い街宣が繰り広げられた。学校側は当日、「課外授業」を実施して子どもたちを校外へ避難させざるをえなかった。

1月19日、京都弁護士会は「朝鮮学校に対する嫌がらせに関する会長声明」を発表。在特会らの行為は「批判的言論として許される範囲を越えて国籍や民族による差別の助長・扇動に該当するもの」と訴えた。

しかしさらに在特会らは3月28日、三たびの街宣デモを実施し、朝鮮学校へ迫った。

実は京都地裁はこの4日前の3月24日に、在特会らに対して京都朝鮮学校周辺（半径200メートル以内）での街宣等を禁止する仮処分を決定していた。3回目のデモ予告を受け、朝鮮学校側が京都地裁に仮処分を申請していたのだ。しかし在特会らは、この仮処分決定すら無視して、約100名を集め3回目の街宣デモを行い、裁判所が定めた街宣禁止区域内にまで突入した。

デモの先頭には盾を持った機動隊員が並び、あたかも隊列を先導するかのようだった。現場にはデモ隊を学校に近づけまいとする在日同胞の青年らが待機していたが、警官らは盾をその青年らのほうに向けて、ヘイトデモを遂行させようとしたという。必死でデモの侵入を阻止しようとふんばる青年たちと、機動隊、ヘイトデモ隊とで騒然とする中、主催者の一人の西村修平氏が終了宣言し、ようやくデモ隊は解散。レイシストらは、朝鮮学校まで約100メートルの地点まで迫っていた。

5月19日、京都地裁は、仮処分決定をも無視する在特会らに対し、仮処分決定に違反した場合、1日あたり100万円の制裁金を科す「間接強制」を決定。

２０１０年６月、朝鮮学校側（学校法人京都朝鮮学園）は、在特会や主権回復を目指す会の幹部らを相手取り、街宣禁止と３０００万円の損害賠償を求め、京都地裁に民事訴訟を提起した。

また京都府警は２０１０年８月10日、先の刑事告訴を受け、川東大了（在特会副会長）、西村斉（在特会京都支部運営担当）、中谷辰一郎（事件当時、主権会関西支部長）、荒巻靖彦（主権会関西支部事務局長）の４人を威力業務妨害などの容疑で逮捕。桜井誠在特会会長の自宅ほか関係先12カ所を家宅捜索、パソコン等の資料を押収した。

以上が「事件」のあらましだ。より詳細については、中村一成著『ルポ 京都朝鮮学校襲撃事件――〈ヘイトクライム〉に抗して』（岩波書店、２０１４年）をぜひ参照してほしい。朝鮮学校がなぜ日本に存在するのかといった歴史的背景から掘り起こし、法廷闘争に至る経緯、被害の実態や被害者たちの心理的影響など、深層に迫る渾身のルポルタージュだ。

その後、民事訴訟は２０１３年10月７日に京都地裁で判決が言い渡された。判決では、原告（朝鮮学校）側の主張を認め、在特会らの街宣や一連の行動を動画で撮影しネットで公開した行為を含めて、日本も批准する「人種差別撤廃条約で定めた人種差別に当たり、違法」と断じた。マスメディアでも、「ヘイトスピーチ」を裁いた初の判決として大きく報道された。

これに対し、在特会らの側は高裁へ控訴。

2014年7月8日、大阪高裁は1審判決を支持し、在特会側の控訴を棄却する判決を下した。高裁判決では、在特会らの行為を「在日朝鮮人を嫌悪・蔑視するものであって、その内容は下品かつ低俗というほかない」、「差別意識を助長し増幅させる悪質な行為」、「憲法13条にいう『公共の福祉』に反しており、表現の自由の濫《らん》用であって、法的保護に値しない」等と指弾。

さらには、朝鮮学校が「教育業務として在日朝鮮人の民族教育を行う利益を有する」等と認定し、民族教育事業は保護されるべきと言及した。地裁判決では民族教育権についてはスルーされただけに、高裁判決は1審判決をさらに前進させた画期的判決として、マスメディアでも好意的に報じられた。

しかし在特会ら被告側は、2014年7月17日、大阪高裁判決を不服として、最高裁に上告している。

事件との出会いと「在特特会」

私がこの京都朝鮮学校襲撃事件を初めて知ったのは、SNSのミクシーでだった。その時私は「在日コリアン」というコミュニティに参加して活発に書き込んでいた。そして、同様に在日コミュを盛り上げていたメンバーからの報告で事件を知ったのだった。

その時はまったく何もできず、いや実際のところはできないというより「ああ、そんな事件があったんだ」と思っただけだった。深刻で重要な事件だという認識に欠けていたのだ。今思うと恥ずかしいけれど。

在日コミュとはいえ、参加者のほとんどが日本学校出身者だった。韓国や朝鮮文化が好き、在日の友人がいるからという日本人も多数いた。日本学校出身の参加者は、私も含めて自分のなかにある何かを知りたい、欠けている何かを探したい、そんな感じの人が多数だった。在日という共通点がある、そういう人たちと「在日あるある」を探したり、キムチを漬けたり、オフ会（ネット上の友人知人が実際に集まって行う会合のこと）を開いたり。差別問題とか、堅苦しいのは正直、気分じゃなかった。

そして、私にとっては朝鮮学校という存在も、京都という場所も遠かった。

小さい時はハギハッキョ（総連〔在日本朝鮮人総連合会〕主催の夏期学校のこと）で、高校生の頃は同じく総連主催の学生会（日本の高校に通う在日朝鮮人学生の会）、大学生では留学同（在日本朝鮮留学生同盟、総連の下部組織）と、総連や朝鮮学校に近い場所にいたけれど、一部の人の「民族の文化や言葉を身につける民族心」、「朝鮮人はこうあるべき」、「朝鮮学校出身じゃないと格下」みたいな意識が鼻について、苦手というか、実際に嫌っていた。「立派な朝鮮人」なんかになりたくない、とも思っていた。

大学時代にお世話になった大阪芸大のサークル・朝鮮文化研究会のオンニや同級生らと、このコミュニティでやり取りを重ねていたのだが、コミュニティで知り合った、すごく優しくて面白いあるオンニは、京都の別の地域にある朝鮮学校に子どもを通わせる保護者でもあり、この事件でひどく心を痛めていた。

その後、私もネット上にアップされた件《くだん》の朝鮮学校襲撃の際の動画を見て、そして絶句した。怖い。けれどその怖さを打ち消すように「私に、何かできることはないか？」と考えた。そうやって「他者化」することでその怖さから逃げようとしたのかな、とも今思う。

私は当時「サーチナ」というニュースサイトで韓国のニュースについて記事を書いていた。それらは日韓に共通する話題や事件で、韓国側はこういう傾向にあるといった記事なので、複数の韓国メディアが取り上げないことには記事化できないという制約があった。また、その頃にはまだ「在特会」の存在は全く話題になっておらず、日本で取り上げているメディアは皆無といっていい状況だった。右派系の市民団体を取り上げることに、多くのマスコミが躊躇《ちゅうちょ》していた時期だった。

だめもとで、韓国語で「朝鮮学校《チョソンハッキョ》」と検索をかけてみると、複数の韓国メディアがこの話題を取り上げていた。やった！　この話を記事化したいとサーチナの担当者に打診すると、ＯＫが出た。ネットメディアはこういう時は大胆だな、と今になって思う。

記事の内容は、韓国の市民団体や学校からも朝鮮学校へ激励のメッセージが送られているというものだった。あくまで韓国メディアを通じてだけど、記事にすることができてよかったと思った。そのオンニもすごく喜んでくれた。

その後もニュースやミクシーなどでチェックし、できる限り記事化はしていたものの、相変わらず朝鮮学校は遠い存在ではあった。

在日コミュに参加した当初は、「ネット上では北も南も総連も民団もない、自由だ」と思っていた。けれど、コミュニティの管理人が変わったあとは、次第に朝鮮学校に関わる話題が多くなってきた。それ自体は悪いことではないけれど、「自分たち（朝鮮学校出身者）にはもうコミュニティがあるんだから、ここでもそれを話題にせんでも」、「自分みたいな日本学校出身者の居場所がない」と私は感じ始めていた。

そのうち、ツイッターで知り合った人たちとの会話のほうが魅力的で、そちらのほうに惹《ひ》かれていった。コミュニティとか、いらない。一人が楽。そんなふうに思っていたさなかに、東日本大震災が発生した。

在日コミュでは、「同胞がこれだけ助け合った」とか、「朝鮮学校のネットワークのすごさ」などが毎日のように語られた。私は、在日コミュでのこういったいわゆる「いい話」がすごく苦手だった。

しかも日常の生活空間やテレビ、ネット上では、「日本人の絆《きずな》」、「日本はこんなときでも暴動が起きない」、「日本はすごい」という話があふれ、そのたびに違和感を抱いていた。

ふとツイッターでつぶやいた。

「おいらは在日韓国人だけど、こんな大震災が起こったときに同胞同胞いってる人には疑問。支援するのは国籍や所属なんて関係なく『被災者』にだ」

すると、関西学院大学の金明秀《キムミョンス》教授から、

「心情的には同感。ただ、見落とされがちな人々への救援に機能するならナショナリズムも方便だと思う」とのメンション（返事）が来た。

確かに公の支援の枠組みから取り残されがちな在日コリアンなどマイノリティにとっては、せめて同胞どうしの助け合いは必要だな、と思った。

その後、金教授は、「惨事ナショナリズム」について、その両義性に言及しつつ、解説のツイートを連ねていた。それらを見てなるほどと頷いた。けれど、日本と韓国と共和国のはざまにいて、どこかに帰属しているという意識が薄い自分としては、「ナショナリズム」自体がやっぱり苦手だとも思った。

この私のつぶやきをめぐって、「朝鮮学校や自分を批判しているのか」とのクレームも、ミクシーのコミュに多数寄せられた。そういう意味ではないと言っても、聞いてもらえなかった。

面倒くさい。濃密な人間関係の煩《わずら》わしさも手伝って、私はミクシーの在日コミュから外れた。ツイッターでも、できるだけ朝鮮学校の話題から遠ざかっていた。

そんななか、京都在住のある在日の青年が、ツイッターで「在特特会の京都支部発足オフ」を開くと告知した。青年は「凡ちゃん」といい、小中高と朝鮮学校出身だった。彼はその前にも「非国民オフ」という名のオフ会を開催するなど、発言の面白さや行動力、ツイッター等でネトウヨを次々と論破していく切れ味の鋭さなどで注目を集めていた。

この「在特特会」は、「在特会を特に許さない市民の会」の略で、「noiehoie《ノイエホイエ》」氏が発足した会。「在特会を、差別を許さないぞ！」と言いながら焼き肉やホルモンなどを美味しくいただく、という趣旨のもとに開催されてきた。あ、キムチとナムルも忘れないで。今でいう、反レイシズム活動やカウンターの走りだったのかもしれない。……ちょっと違う。

この在特特会京都支部の会合は、2011年9月10日に行われた。待ち合わせ場所になった京都駅のマクドナルド前には、華やかで、少しきつそうな年上の女性が立っていた。その女性を見た瞬間、「うわ、めちゃ怖そう。んで、ド派手。たぶん、仲良くなれない」と思った。

後日その話をしたら「怖そうとか、お前が言うな」と参加者に爆笑された。おかしいな、エレガントなのに。

その女性は上瀧《こうたき》浩子弁護士で、実は京都朝鮮学校襲撃事件の弁護団の一員だった。

差別排外主義者に襲われた京都朝鮮第一初級学校は、2010年6月、在特会ら関係者を相手取り、街宣の禁止と損害賠償を求めて民事訴訟を提訴していた。同年9月16日に第1回口頭弁論が開かれ、この日までにすでに計7回の口頭弁論が開かれていた。

この裁判に関心を持ってほしい、支援の輪を広げたいとの思いから、上瀧弁護士はこの日の「在特会」に参加したのだという。

私はその夜は、夜行バスで福島の朝鮮学校（郡山市にある福島朝鮮初中級学校）に向かい、翌日9月11日の「福島ハッキョ第4次除染作業」に参加する予定だった。朝鮮学校にはもう関わりたくないとは思いながらも、心の中にくすぶっているものがあった。なので、フェイスブックで知り合った福島大学の金炳学《キムビョンハク》准教授の呼びかけに応じ、福島朝鮮学校に通っていた。

私は少し早く「在特特会」の会場だった「水月亭」をあとにした。

帰り際に目が合った上瀧弁護士は、

「またね」

と手を振った。その笑顔が、気になった。怖そうだけど、また会いたい。

「福島の朝鮮学校から帰ってきたら、次は京都だな」

真っ暗になったバスの車内で、漠然とそう思った。


卑怯というか小心者なので、自分のすぐ近くにある、たとえば大阪の朝鮮学校のイベントには、それまで参加しようとは思わなかった。同じ在日だからこそ、朝鮮学校というものが遠かった。小さい頃から少しは関わってきたけれど、総連というコミュニティの中で育ったわけでもない。

朝鮮学校への関わりについては、自分がもしも日本人だったならば、たとえ受け入れてもらえなくても、それはそれで仕方がないと思うかもしれない。けれど、同じ属性をもつコミュニティにもし疎外されたら、より以上に傷つくだろう——そんな恐れを抱いていたのかもしれない。

福島や京都の朝鮮学校なら、もし受け入れてもらえなかったとしても、住んでいる場所からは遠く離れているから、いつか忘れることもできる。違う世界のことだと、あきらめもつくだろう。そんな気持ちもどこかであった。そして、まだこの時も少し迷っていた。

今から考えると、長い旅の始まりの日だった。

シンポジウムと上瀧浩子弁護士

裁判の傍聴に行こうかと考えていた矢先の２０１１年10月9日、同志社大学今出川キャンパスでシンポジウム「現代日本の排外主義とヘイトクライム　民族教育を拒む日本社会を変えていくために」が開催され、私も参加した。アホやけど、日々ちょっとでもカシコになりたい。

シンポジウム前、同志社大の校門前には日の丸がはためき、在特会の桜井誠会長がマイクを持って騒いでいた。10名ほどいただろうか。警察は20名ほど。その間を通り過ぎながら門にたどり着くと、「在特会の関係者はシンポジウムへの参加お断り」との張り紙が貼られていた。

「なんでこんなところにも在特会がいるの？　やだな、怖い」と思いながら門をくぐると、そこに腕組みをした女性が在特会らをにらみつけるように立っていた。上瀧浩子弁護士だった。

会釈をして、会場の教室へと向かった。向かいながら何度も振り返った。「在特会の前でたった一人で立ってるなんて、すごい」会場の席を確保すると、シンポジウム開始までまだ時間があったので、門の前まで戻ってみた。けれど、やっぱり在特会の罵声が恐怖で、どうしていいのかわからずに、門の近くにあった灰皿の前で煙草を吸いながら、じっとその光景を眺めていた。

凜と立つ上瀧弁護士の姿を見て、何というか、惚れてしまった。こんな人になりたい、そう思った。

と同時に、やっぱり、朝鮮学校の裁判の傍聴に行こうと、その時に決めた。

シンポジウム後の懇親会で、朝鮮学校の保護者の方たちや先生方と話す機会をもてた。襲撃事件のこと、いや朝鮮学校そのものについても何も理解していなかった私は、ぶしつけな質問をたくさんしたと思う。けれど、一つひとつ丁寧にみんなが答えてくれた。

懇親会には金明秀教授も参加していた。金教授は以前、参議院議員の片山さつき氏が、「朝鮮学校では〝チェジュ思想〟を教えている」などとトンチンカンな発言をした時に、「それを言うなら主体（チュチェ）思想だろ！　済州（チェジュ）思想ってなんだ!?」とツッコミをいれて、在日の友人たちとヘイトスピーチに近いその言説を笑い飛ばしていた。

私はそこで、一つ聞いてみた。「糾弾や裁判って、何となく怖いイメージがある。在日は差別を笑いに変えたりしてきたけど、どっちが正しい闘いかたなの？」

「きちんと声をあげること、笑いに変えること、どちらか一つだけではだめなんじゃない？　どっちも正しい闘いかただし、2本の柱があったほうが支え合えるし、折れにくいよ」と金教授。はー、さすがカシコやな。

けれど、ずっと日本学校に通ってきた私にとって、朝鮮学校はまだまだ遠い存在だった。

まずは裁判の傍聴に1回行ってみよう。行ってもわからないかもしれないけど、少しでも知りたい。上瀧弁護士みたいに格好いい大人、格好いい女性になりたいと、そう思っていた。

初めての傍聴と朴貞任オンニ

２０１１年11月29日の第9回口頭弁論から、私はこの朝鮮学校の裁判の傍聴に通い始めた。京都地裁の傍聴席は満員で、私は抽選漏れ。仕方なく裁判所の前でぼんやりしていた。傍聴に外れた人の多く——きっと朝鮮学校関係者だろう——が、いぶかしそうに自分を見つめている。まあ、在特会側と間違われてるんやろうな、派手で怪しいし、しゃあないと思っていた。

すると、自分と同様に抽選漏れした在特特会のメンバーやツイッターで知り合った人たちと遭遇。待っている間に、当日の裁判の内容やこれまでの経緯などについてあれこれ教えてもらった。まだこの時には、こんなに朝鮮学校やそこに関わる人たちが、大切な、かけがえのない友人になるとは思っていなかった。今思うと、とても不思議な気がする。

この日は被告人の一人である女性の証人尋問。この女性は街宣などでアナウンスを担当していた人物だが、傍聴していた人によると、「(自分は)一参加者にすぎない」、「あんまり考えてなかった」ということを繰り返していたという。ふざけんな。

裁判後、みんなで喫茶店に行くことになり、初めて参加したにもかかわらず私も同席させてもらった。

学校のオモニ会（母親会）の元会長の朴貞任《パクチョンイム》オンニは、事件の現場であり「発端」となった公園の地図を開きながら、「（公園内に）当初予定になかった丘ができた。これで公園をグランド代わりに使うことは二度とできなくなった」と静かにつぶやいた。在特会らの襲撃後、京都市は意図は明らかにしないが、児童公園に小さな丘をつくっていた。

この勧進橋児童公園は、敷地の狭い朝鮮学校が校庭代わりにずっと使用してきた公園だった。もちろん地域住民との共用であり、63年に京都市、地元自治会との3者合意も取り付けている。在特会がそれを「不法占拠」だと因縁をつけて襲撃してきたのが、この事件の始まりだった。

「在特会の〝公園を奪還する〟という目的は、見事に果たされた。行政もそれに結果的に加担した」と言いながら涙を流す貞任オンニや上瀧弁護士、支援者たちを見て、私は何も言えず、煙草が吸いたくなったと言い残して店の外に出た。慰めることも、何もできなかった。

その帰り道、あるオンニに、「いつか在特会の人らが心の底から改心して、ひどいことをしたと反省して、ちゃんとその罪を償えたら、一緒にホルモンを食べたい。そんな日が来るかな？　私の夢やねん」とつぶやいた。そんなことが言えたのは、その時はまだそこまで自分も傷ついていなかったからなのかもしれない。許せるのか、今となってはわからない。でも、夢を見るのは自由だ。許せないことも、すべて飲み込めるぐらい強くなりたいと、今はただそう思う。

ところで、この裁判以降、ひたすら傍聴の抽選に外れ続けることになるとはまだ知る由もなかった。少しは当たれよ。

西村斉氏とブレノ氏、中谷良子氏

京都朝鮮学校襲撃事件裁判、第10回口頭弁論は2012年1月25日に行われた。この日の抽選はさくっと外れたが、傍聴券を譲ってもらい何とか入ることができた。

今回は被告側の証人尋問。西村斉氏の父とその付き添いのためと思われる西村斉氏本人、「チーム関西」のカメラマン役だった「ブレノ」こと松本修一氏が証言台に立った。

チーム関西とは、在特会等も含む「行動する保守」に分類される排外・差別主義的市民団体の関西在住メンバーらで構成される団体。過激化し逮捕者が続出するなか、公式には2012年2月12日をもって活動を休止した。しかし、実際には現在も継続的に活動を続けている。

在特会関西支部会計から京都支部長になり、後にロート製薬強要事件※を起こした一人である西村斉氏は、父名義の車を街宣に使用したため、父親が出廷することになった。街宣に車を貸し出さないように、とのことで、この件は終了。老いた父親をこんな場所に連れてこなきゃいけないなんて、なんだかなあ……と思った。

※ロート製薬強要事件：在特会・チーム関西の西村斉・荒巻靖彦ら4名が、「反日活動家」だと彼らの主張する韓国人女優キム・テヒをロート製薬がCM起用したことに抗議するとして、2012年3月2日に同社本社を訪れ、竹

島の領有権問題などへの見解を回答するよう求めて、強要罪に問われた事件。

西村斉氏と川東大了氏（在特会関西支部長→同大阪支部長→同副会長）、中谷辰一郎氏（主権会関西支部長）、荒巻靖彦氏（主権会関西支部事務局長）の4名は、かつて関西で「四天王」と呼ばれていた。

川東大了氏と中谷辰一郎氏は置いておいて、ほかの2人は、かなり遅れてきたヤンキー臭というか、Vシネマっぽい感じが漂う。はっきり言ってダサい。私はよく河内のヤンキー扱いされるけど、実際はそういうのが大嫌い。まあぶっちゃけて言えば、彼らはチンピラっぽい。

でも、こういう人って関西では結構モテる。たいてい10代で結婚、40代なら孫もいるのがヤンキーだ。普通の勤め人だったら居酒屋で後輩や部下に「昔は悪かった」などと笑い話にしながら「武勇伝」を披露していそうな年齢だ。「今こんだけ元気なのはよっぽど若い時に冴えなかったのかな」とか思ったりする。

ブレノこと松本修一氏は、在特会やチーム関西などのカメラマンで、動画撮影を務めた人物だ。動画がぶれないので「ブレノ」とニックネームがついたという。自身が撮影した動画をネット上で公開し、在特会やチーム関西のレイシズムに満ちた言動を拡散した。事件の直接の被害者である朝鮮学校に対し、動画の拡散でさらなる被害を生みだした悪質性の高い被告人とされた。

しかし当人は、「中立の立場を守って活動している」、「無編集であり公平」などと述べていた。どこがやねん。この人には想像力がないんだろうか。自分がやったことが誰かを傷つけるかもしれないという想像力、ひどいことをしているという自覚――。

「裁判所に呼ばれた自分こそが被害者だ」という彼の言葉に、唖然とした。ひたすら饒舌《じょうぜつ》だったことにも驚いた。見ていただけ、そばにいただけでも罪になる行為もある。何もしなかった、止めなかったことは、加担したのと同じこと。ましてやその映像をずっとレイシスト側の視線から撮影し、公開していたのだから罪は重い。自分の罪を認められない人間は愚かだ。

裁判中に何度も感じたことだが、在特会の人々は自分たちが撮影し公開した映像が、これまでの裁判でも自分たちに不利な証拠となってきたことを、なぜすぐに忘れるのだろう。彼らは今現在でも、笑いながら被害者を撮影し、動画をアップしている。他人を晒《さら》しているようで、本当に晒されてるいのは自分たちの醜い姿だ。

映像は気がつかないものも映すから怖い。ひょっとしたら映像にも言霊に似たものがあって、きっとそれはいつか彼らの大切な未来を縛るのではないか。そう思わないと、やりきれない。

表現することは、暴力でもある。自分も文章を書くのが仕事だし、ブレノ氏の行動を通じていろんなことを考えさせられた。酔っぱらいでだらしないけど、せめて「書く」ってことにだけは誠実でいたいと、彼を見て思った。

ブレノ氏は、朝日新聞に掲載された自分の記事について「記者に匿名でと言ったのに」とつぶやいた。他人を晒しものにしておきながら、自分のことになると強烈な被害者意識。それってなんなのだろう。同じようなことが11年4月の御堂筋での反原発デモでもあった。

反原発デモの参加者とチーム関西のメンバー（反反原発デモである）とがもみ合いになった時、当時チーム関西の一員だった「クロエ」こと中谷良子氏が「これが反日左翼、こいつを映して」と叫んだ。ちょうどビデオカメラを持っていた私は、叫ぶ彼女のほうが面白いと思い彼女のほうにカメラを向けた。その瞬間、「肖像権を知らんのか!!」と絶叫された。

「知ってるけど、だからどうした。それどこの法律の条文や?」と言うと、「とっさにわかるか!」と言う。「そんな条文も法律もないわ、アホか」と返したら激昂された。私は、人を怒らす天才でもある。そんな才能、あんまり役に立たないけど。

中谷良子氏は京都にある丹波マンガン記念館にもチーム関西の面々と街宣をかけるなど、差別行動を重ねてきた。ネット上には、彼女がトラメガを持ってヘイトスピーチをふりまく動画が多数あり、一時は在特会の〝看板娘〟的な存在だった。しかし彼女は、他人の保険証を不正に使用したという容疑で逮捕され、罪に問われた。それ以上にひどいことをしてきたが、結局はそのちっぽけな罪が理由で在特会から捨てられた。

彼女がやってきたことは今でも許せない。でも、ルックスの良さで利用されて、不都合が生じると簡単に切られる。それについては、ただ可哀想だと思った。

この日の傍聴の帰り道、京都にある韓国料理「こみょん」さんを約10年ぶりに訪れた。そこで、右の話をした。上瀧浩子弁護士に、

「私は女性に甘いのかな。差別はもちろん嫌やけど、女性を利用して捨てることもまた嫌やねん」と聞いたら、何も言わずにそっと手を握ってくれた。そして、

「複合差別って言葉を知ってる?」と問いかけられた。

複合差別とは、複数の差別が互いに絡《から》み合い、複雑に入り組んでいる状態。片方の差別だけに着目するとほかの差別が見えなくなり、被害が解決しにくくなる。在日であることと、女性であることで受ける差別。私はその後、自身がその「複合差別」を味わうことにもなる。

2013年の秋から中谷良子氏の活動はまた活発になった。いつの間に在特会と手打ちをしたのか。JR大阪駅前での「(沖縄)辺野古基地建設反対」の街宣の妨害、日本軍元「慰安婦」についての差別的街宣、朝鮮学校襲撃事件の正当化、ウトロ地区(京都府宇治市にある戦前からの在日コリアン集住地域)へのヘイトデモなど、毎週のようにどこかで差別語をまきちらしている。

13年の12月、JR大阪駅前で彼女を見た。私はカウンターに参加していて、彼女はいわば敵側だったけれど、真冬に胸元を露出したカットソー姿を見て、なんだか心配になった。女性であることを利用しているつもりで、利用されている。

思わず、「寒くない?」とホカロンを渡した。彼女は、「ありがとう」と言った。

その後、在特会会長・桜井誠氏が現れた14年6月の近鉄難波駅前での街宣時に、あるファストフード店のトイレの前で彼女と遭遇した。3年前に彼女と「肖像権云々」で言い合いをしたのもこの店の前だった。呼び止めて名刺を渡し、「いつかちゃんと話が聞きたい」と言うと、「ありがとうございます」と笑った。やっぱり、きれいな子だなと思った。

沈黙効果

この先ずっと付き合っていくことになる言葉と、この日初めて出会った。

第11回口頭弁論は、まだまだ寒さが続く2012年3月7日に行われた。今回はすんなりと傍聴席へ。当たった、わけではなく無抽選だったからだ。

考えてみると、すんなり入れたのは今回とその次の無抽選の日だけだったようだ。あとは遅刻したり外れたり。しかしこの日は今後の打ち合わせだけで、あっという間に終わってしまった。

その後の支援者集会で、事件当日にすぐさま現場に駆け付けたという、この学校に通う子どものアボジ（父親）が、その状況を静かに話された。

当日、朝鮮学校に到着すると、そこはすでに見たことのない悲惨な状態だったという。あまりにも露骨な差別言説に言葉も出ず、立ちつくした、と。これはいわゆる「沈黙効果」であり、ひどい差別を受けた時におちいることだと、そのアボジは語った。

苛烈なヘイトスピーチを浴びせられた被差別者は、無力感に打ちのめされ、恐怖からなかなか声をあげることができなくなってしまう。また声をあげたとしても、差別的な権力構造のなかでは社会的にまともに受け止められない、反論しても耳を傾ける人がいないばかりか、更なる攻撃対象になりかねない等の危惧から、被差別者はいつしか反論することもやめてしまう――これがヘイトスピーチによる「沈黙効果」だ。

このアボジはその後、あきらめのような思いと、このままではいけないという感情との間で葛藤したという。「この社会にこのような事件が起こっていいものかどうか問いかけたい」と彼は結んだ。

差別的な言葉は、ぶつけられたほうが孤独になって、言葉も奪われる。差別を目の前にしたら、怒りと悲しみの前に、沈黙することを選ばせられる。そんなのってあんまりだ、悔しい。そう思ったら泣いてしまった。当事者のほうが何倍もつらいのに、聞くだけでつらくなってどうするんだ。でも、ずっと聞こう、聞かなきゃいけない。

それにしても、つらいことばかりなのに、笑いを交えて語る保護者の方々は、本当に強い。でも、どうして被害者のほうが強くならなきゃいけないのだろう。あんなあからさまな暴力を裁けない日本の法制度についても、また疑問をもたざるをえなかった。

ネトウヨとのネット上でのやり取りや裁判の傍聴など、在特会に関することが苦しかったりしんどかったりするのは、相手の中にある汚さとか恥ずかしさ、醜さを自分ももっているからなのかもしれない。相手の中に、自分を見つけては落ち込む。あんな風にならないという自信はない。彼らと自分との分岐点はどこなのだろう――ふとそんなことも考えた1日だった。

＊

２０１２年４月25日、第12回口頭弁論はまたもや無抽選。この日の裁判の傍聴も、またつらいものになった。

傍聴に行くたびに、自分もその事件を追体験しているような気分になる。「自分のことじゃない」とか「朝鮮学校側にも原因があったのでは」などという浅はかな考えは、日を重ねるごとに消えていく。

被告である在特会側の徳永信一弁護士は、「被告らの街宣は民族差別ではない、政治活動だ」と強弁した。また、「被告らの街宣には勧進橋公園の不法占拠に関するもの以外のものもあり、街宣時の動画を見たが、顔をしかめる部分もあった」と在特会らの〝スピーチ〟のひどさを批判しつつも、「被告らの主張は朝鮮総連（在日本朝鮮人総連合会）に対するものであり、被告らの目から見ると朝鮮学校で行われている教育こそがヘイトスピーチになる」等とも述べた。

総連と朝鮮学校との結びつきを強調することで、「子どもたちが学ぶ教育の場を襲撃した」という事実から論点を逸らす。そしていわゆる「逆差別」論法でヘイトスピーチの概念を無効化し、被害の実態を矮小化する作戦なのだろう。卑劣で稚拙《ちせつ》。この弁護士は、在特会の考えかたどころかその精神構造まで共有しているかのようだ。

徳永弁護士は、「朝鮮学校は近隣に教育内容を知らせる努力を怠っている」とも話した。その必要性の是非はともかく、実際にはこの京都朝鮮第一初級学校のみならず各地の朝鮮学校は、公開授業やバザーなどで学校を開放し、日本の学校との交流も盛んに行うなど、地域との交流をもとうと多大な努力を払ってきた。これも実態を無視した虚言と言っていい。

弁護士だからといって、在特会を代弁するかのような言葉を吐いて人を傷つけることが許されるのか。弁護士って、やっぱり憧れの職業だったし、正義の味方であってほしい。依頼人の利益を守るのが弁護士の仕事とはいえ、依頼人と思想的に一体化する必要はないだろう。そうなったらまともな弁護活動もできないはずだ。

ところで、この日から裁判長が変わった。新しい裁判長は「現場を見たい」と言った。それは、とても期待できることらしい。あの現場を見れば、そこで行われたことを空間が雄弁に物語るだろう。

同世代の子どもをもつ女性たちが裁判の傍聴に欠かさず来ている。普通の小学生の母親とか同世代の女性が裁判所に来ることが日常になるって、どこかおかしい。そしてその人たちは裁判のたびに「2次被害」に泣いている。そんな日常、繰り返したらあかんやろ、とも思った。

この日、裁判は来年3月に終結予定と聞いた。約1年後、まだまだ先だ。

西村修平氏と中谷辰一郎氏

「なんで着物姿なんやろ?」不思議に思った。

2012年7月11日、第13回口頭弁論。今回は「主権回復を目指す会」（主権会）代表の西村修平氏と、襲撃メンバーの一人である中谷辰一郎氏の証人尋問の日だ。

その日の中谷氏は着物姿だった。あれが彼のトレードマークのスタイルで、デモの時もあの姿だと知人に教えてもらったが、朝鮮人対日本人の構図をつくりたいように思えて、何となく不快だった。

中谷氏は、「活動当時、自分自身の気持ちが高揚していた。恐怖心もあった」などと述べた。この先ずっと出てくるのが「モンスター」としての朝鮮人像と、それと戦う「正義の日本人」像＝「被害者である自分」、という構図。「怖い思いをした朝鮮学校の子どもには謝りたい」と言いながら、「大人が身勝手に公園を使うのはふさわしいことなのか。駄目なものは駄目と批判したい」と言う。

やはり在特会や排外主義者は、自らを「被害者」と位置づけることで攻撃や差別を正当化するんだなと、あらためて確認した。

西村修平氏は、自身が一時はレイシズムに囚われていたと告白し、「それは巨大な朝鮮総連に立ち向かうには裸の我々は相当な危険を覚悟しなければならなかったから」などと述べた。

そして、傍聴席のほうを向いて「朝鮮学校の方がたくさんいると思い、自分たちの大義が一人よがり、みなさんの中にご迷惑をかけたということは、西村修平が深くお詫びします」と言って頭を下げた。傍聴席には朝鮮学校の関係者が多数来ていた。

この謝罪はポーズなのか。それとも本当に反省したからなのか。

それを受け入れる、受け入れないを決めるのも、被害者でしかないのだけれど。

裁判長は、安田浩一さんの著書『ネットと愛国――在特会の「闇」を追いかけて』（講談社、2012年）を読んだという。この本は在特会の実態に迫った初めてのルポルタージュで話題を集めており、裁判の証拠資料としても提出されていた。そして裁判長は法廷で、「桜井氏から直接話を聞かないといけないと思った」と言って、11月には証人として在特会会長の桜井誠（本名・高田誠）氏を呼ぶことになった。

一冊の本が裁判長を動かした、かどうかはご本人に聞いて見なければわからないが、そんな力をもつ本って、やっぱりすごいと思った。

私は韓国映画が好きだ。韓国の映画は時々、その社会を動かすほどの力をもつ。そして、自国の過去や深い闇にもしっかり向き合う。この安田さんの本はそんな韓国映画に似ていると思う。けれど、私にとってこの本はすごく恐ろしい本であることも事実。まだ2回しか読めていない。この本に登場する在特会の会員や行動する保守の人々は、誰も人間味があってどこか魅力的だったりもする。そんな人々が、私たちを笑いながら殺せと叫ぶ。そういう現実が一番怖い。

いつだって「普通」が一番厄介で怖い。この日の法廷での西村修平氏の「謝罪」もまた、あまりに「普通」のふるまいに見えた。その本心が見えないから、恐ろしいのだ。

八木康洋在特会筆頭副会長

第14回口頭弁論は2012年9月26日。この日私は、裁判に行く前に実家へ寄った。お気に入りのワンピースを身に着けた私をオモニは「可愛い格好してどこいくの、よく似合う」とほめてくれた。「いつもの朝鮮学校の裁判やで」って言うと、「勝ちや！」って。

オモニはこの時、初期の認知症と診断されたばかりだったので、いまいちわかっていなかったかもしれない。だけど、元気がでた。

この日は前回の西村修平氏の尋問の続きから。裁判長が、

「今後もあなたは『行動する（保守）運動』の活動はしていくつもりですか？」と尋ねると、西村氏は、

「ええ、続けていく意思があります」と答えた。それが前回の謝罪とうまく結び付かなかった。

そう思っている矢先に、原告（朝鮮学校）側弁護人から「前回の謝罪は誰に対してなのか」と質問が飛んだ。西村氏は、「傍聴席に朝鮮学校の関係者がいると思ったからだ」と答えたが、原告側弁護人は、

「なぜ、面と向かって直接謝罪しないのか」と問いつめた。

本当にそうだ。目立つ場所で謝罪しても被害者の気持ちは置き去りにされるだけだということを、私たちマイノリティはいろいろな経験から知っている。許してもらえなくても、誰も見ていないところでも、被害者に向かってきっちりと謝罪すること。それはとても大切なことだ。

その後、八木康洋在特会筆頭副会長が証言に立った。

原告側弁護人は八木氏のこれまでの発言を取り上げて、埼玉のカルデロンさん一家の事件などについての考えを追及した。

「日本は法治国家だから犯罪は許さない、感情論で動くのでなく、外国人に厳しい処罰を」と八木氏が考える一方で、大津市の教育長がハンマーで襲われた事件（2012年8月）で逮捕された大学生に対しては「自分の身を犠牲にして教育長に人の痛みを教えてあげたのは立派だ」などと書いていることに対し、一貫していないのではないか、と原告側弁護人は矛盾を問うた。

八木氏は、「確かに、犯罪行為は許されないことだ。ただ、京都（朝鮮学校）事件と同じ。犯罪行為だったかもしれないけど、彼らは正しいことをした。やりすぎたと思います。やりすぎのレベルは、という話もありますけど、やったことは私は正しいことだと思います」と答えた。

その時裁判長が、「考えが（自分と）あっていれば正しいし、そうでなければ間違っているという話で、この人（八木氏）の考えを裁判でこれ以上聞くことでもないのでは」と言葉をはさんだ。「間違ったことをしていてね、（自分たちにとって）正しければそれでいいのかということで。そうおっしゃるんだから」と続けた。その後、ポツリと「ずいぶんひどい話」と付け加えた。

私は、その一言を聞いてまた泣いてしまった。京都朝鮮学校襲撃事件をはじめ、在特会の活動は本当に「ひどい話」なのだ。裁判を聞くのはいつも怖い。在特会のでたらめさに吐き気がするし、こんな人たちに大切なものを踏みにじられて、今もそれが続いていると思うと、やるせない。

＊

この日は、「水月亭」で「安田浩一氏講談社ノンフィクション賞受賞を祝う親戚一同の会」が催された。

裁判支援者の一人の「あらまー。」さんのツイートによると、「安田はワシが育てたという多数の親戚の方らのご参加で盛況のうちに無事終了しました。安田氏もこの夜、賞金１００万のうち78万を気前よく散財され今後の生活が心配されます。なお残りの22万は残念な過去の清算に使われたそうです」とのこと。

安田さんに私が初めて会った6月の『ネットと愛国』出版を祝う会では、みんなで「安田浩一を鴨川に叩きこめー！」とか言いながら、楽しく飲んだ。無茶苦茶や。

きっちり怒ってしっかり泣いて、その後にはみんなで笑う。在日の日常はそんなことの繰り返し。飲まなきゃやつらくてやってられない。裁判を傍聴しながら、私たちは被告らが吐き出すヘイトスピーチを何度も何度も繰り返し聞かされているのだから。

桜井誠氏の「小さな庭」

第15回口頭弁論は2012年11月14日に行われた。この日は在特会会長の桜井誠こと高田誠氏と西村斉氏の証人尋問だった。今回も被告側には八木康洋氏の姿が見えた。高田氏は白いシャツ、えんじ色のベスト、チノパンといった服装で登場。西村氏は黒のスーツ姿だった。

まず、高田氏が宣誓を行った。あいまいにするのではないかと思われた住所を、アパート名と部屋番号まで、早口であるものの、裁判長に読み上げられた。尋問では事務所の部屋の広さ、家賃など、在特会という組織の実態についての質問が次々に飛ぶ。

高田氏は在特会を結成した理由について、「在日無年金訴訟をテレビで知った。年金を1円も払っていないのに年金をよこせと訴える在日に、普通の日本人は怒って当然」と、法廷においても平然と差別思想を披瀝《ひれき》した。

また、証拠物である高田氏のブログに「朝鮮総連が自らの犯罪行為を反省し改めることなく在特会への誹謗《ひぼう》中傷を続けるのであれば、必ず自らの言動を深く後悔する日が来るでしょう」とあるが「在特会への誹謗中傷」とは何のことかと聞かれると、「あなた方（原告側弁護士）の書面を見たが、人のことをなんと思っているか知らないが、あれは誹謗中傷ではないか」と述べ、「（自分たちを）ゴロツキ扱いしている」と憤った。そして、「朝鮮学校への抗議、これを差別だ、差別だと言いたてること自体、誹謗だと思ってます。子どもをダシにつかって犯罪行為を隠そうとするとんでもない行為だ」とまくしたてた。

在特会の活動が「レイシズムの発露」として批判されていることをどう考えるかとの質問には、高田氏は「バカな主張だと思ってます」と発言。原告側弁護士から「表現に気をつけてください」とたしなめられると、「頭のいかれた主張だと思っている」人を食ったようなもの言いで、「なんでもかんでも差別と言えば、どんな犯罪でも矮小化され許されると思っている」と続けた。

やはり彼も、自分たちこそが被害者であると言わんばかりの発言を繰り返し、「後悔する日が来る」、「身をもってわからせる」などと挑発的な言葉を続けた。

そして、尋問が1時間を過ぎたあたりで、「虚弱体質なので苦しい。1時間の約束だったはず。早く終わらせてほしい」と述べ、傍聴席の失笑を買った。ニコニコ生放送では毎度毎度何時間でもしゃべりまくるくせに。

高田氏の尋問後、西村斉氏の証人尋問に移った。西村斉氏は、西村修平氏とともに今回の襲撃事件を主導した中心人物の一人だ。

まず事件の発端となった「地域住民からのメール」についての質問から始まった。このメールとは、「朝鮮学校による児童公園の不法占拠の実態とその解決を願う」ものだったという（高田誠氏のブログ「Doronpa の独り言」２００９年12月10日付）。

西村斉氏は、メールを出した人物が本当に地域住民なのかどうかの確認もしないまま、「現地調査」

と称して勧進橋児童公園を訪れた。その日、市役所に電話をして学校側が公園を不法占拠しているかどうかの確認をしようと試みたが、担当者は不在だったという。そして確認もせぬまま、街宣行為を行うための準備へと進んでいったことが明らかにされた。

西村氏もまた、在日無年金問題について語り、そこに怒りを覚えている旨の発言をした。それに対し学校側弁護団は、「在日無年金訴訟は、（掛け金を）1円も払っていないのに年金を受け取ろうとしたのではなく、年金に加入したくても加入できなかったことについての裁判。そのことをわかっていますか？」と指摘した。

西村氏は襲撃事件の際、「そもそもこの学校の土地も不法占拠なんですよ」、「我々の先祖の土地を奪ったんですよ。全部、これね、戦争中に男手がいないところを、女の人をレイプして虐殺して奪ったのがこの土地」などとがなりたてたが、これらの発言が「いわゆる『朝鮮進駐軍』として言われている事実を基にした発言」であると証言した。

「朝鮮進駐軍」がネット上で広まった典型的なデマであることは周知の事実だが、これについて在特会側が根拠として提出した資料は、『バンブーコミックス　実録　残侠三代目会津小鉄　図越利一激突!!　七条署編』（山平重樹・原作、高橋晴雅・画、竹書房、2004年）だった。裁判の証拠資料に漫画かよ。唖然とした。

原告側弁護団は細かく質問を積み重ねる。それによって矛盾を突くためだ。自身が動画の中で大げさに発言したり、嘘をついていたことを次々と挙げられると、西村氏は「弁護団は（裁判を）真面目にやっていない、ちゃんとやってくださいよ」と言いだした。同様の発言を繰り返していると、裁判長の顔色が変わり、「裁判所に対して真面目にやれと言っているんですか?」と一喝。「弁護団はちゃんとしている」とたたみかけるように裁判長は言った。それを受けて口ごもる西村氏の姿は、まるで駄々をこねる子どものようだった。高田氏は反抗期の少年のように見えた。二人とも40代なのに。

逆に被告人の証言に失笑をもらした傍聴人らに対して、裁判長が注意した場面もあった。

今回の法廷では、高田氏からは、組織としての在特会が裁判の当事者になりうるか否かの確認がとられ、西村氏からは、在特会の主張がいかに嘘で塗り固められた根拠のないものであるかが明らかにされた。

裁判後の支援者集会では、今日の二人の被告の言動について弁護団から、

「フェアな場所では空虚に映る。小さな庭でしか成立しないのではないか」

という発言がこぼれた。

「小さな庭」で彼らが育てたものは、何だったのだろうか。

朝鮮学校の高校授業料無償化除外、どう思う？

２０１２年12月28日、文部科学省は高校授業料無償化の朝鮮学校への適用をめぐり「適用しない」と発表した。

下村博文文部科学大臣は同日に行われた記者会見で、「朝鮮学校については、拉致問題に進展がないこと、朝鮮総連（在日本朝鮮人総連合会）と密接な関係にあり、教育内容、人事、財政にその影響が及んでいることなどから、現時点では国民の理解が得られない」と述べ、適用しない理由を挙げた。また「拉致や核、ミサイルの問題を解決し国交正常化に努力してほしいというメッセージにもなる」とも話した。

民主党政権下の10年4月から施行された高校無償化法（就学支援金制度）。開始当初から朝鮮高校に通う生徒は除外されたままだった。11年2月に代々木公園で開催された朝鮮学校無償化除外に反対する集会とその後のデモには私も参加したが、卒業生たちのアピールを聞き、生徒たちが集会をみつめる姿を見て、恥ずかしくていたたまれない気持ちになったことを覚えている。

そして12年10月、当時の田中眞紀子文部科学大臣は、朝鮮学校への適用について「この内閣がそろそろ政治的な判断をする時期」と発言した。しかし解散・総選挙を迎え、結局実現されないまま自民党に政権交代となった。その直後、朝鮮学校の高校無償化見送りへというニュースが飛び込んできたのだった。

この問題に接するたびに、何度も打ちのめされたような気分になったが、政権交代早々にこの問題に言及する新政権に、不安と不信を覚えた。朝鮮学校と拉致問題を結びつけるのはあまりに乱暴だ。朝鮮学校を無償化から除外することで共和国（朝鮮民主主義人民共和国）に何らかの影響を及ぼすのかといえば、それは限りなくゼロに近い。無償化から朝鮮学校が除外されて3年以上過ぎたが、拉致問題は解決に向けて進展したといえるのだろうか？　答えは明らかにNOである。

無償化は学校のためのものでなく、学びたいという子どものためのものだ。無償化除外はあからさまな差別である。日本は現在、経済や震災後の復興、原発問題などさまざまな問題を抱えているが、そこから目をそらさせようとする時、「外国人差別」は格好の道具になるのだろう。いわばガス抜きだ。

ジュネーブにある国連人種差別撤廃委員会は、12年12月17日、日本の人権状況についての見解をまとめた報告書を公表。在日コリアンや中国人の子弟の学校が「公的支援や補助金などの面で差別的扱いを受けている」と指摘している。

朝鮮学校の無償化除外問題についても、「子どもたちの教育に差別的な影響を及ぼす行為」として「懸念」を表明、教育の機会を差別なく与えるよう日本政府に勧告した。こうした海外からの声について、新政権をはじめ下村文科相はどのように考えているのだろうか。

先日（12月27日）ツイッター上で在日二世の女性が「うれしいやんか。東大阪市役所の垂れ幕」と書き、1枚の写真を掲載した。そこには「祝　大阪朝鮮高級学校　全国高校ラグビー大会　出場」と書かれた垂れ幕が写っていた。

東大阪で生まれ育った私は「大阪朝鮮高校は大阪&東大阪市の宝」と返事をした。それを見て電車の中で涙した、という声も届いた。

朝鮮学校に通う子どもは、この日本で生まれ育った私たちの社会の子どもでもある。私自身の子どもは日本の公立に通っているけれど、朝鮮学校に通う子どもも一緒にこの社会の未来をつくっていく宝物だ。朝鮮学校が無償化から除外されることを、多くの人たちも黙って見過ごしてはいけないんじゃないかと思う。何かを排除することでしか成り立たない社会のシステムは怖い。黙っていることは、そんなシステムを認めるのと同じことだ。

朝鮮学校の次に除外されるのは、きっとあなたであり私かもしれない。決して他人ごとじゃない。椅子取りゲームのような、そんな社会でいいのだろうか。

金尚均先生

2013年1月16日、第16回口頭弁論となる今回は、京都朝鮮学校の保護者が証言に立ち、当時の状況や思いを切実に訴えた。

この頃から新大久保などでの在特会らのヘイトスピーチはますます活発に、より悪質になっていた。裁判傍聴とヘイトデモ取材を続けるなかで、私はこの裁判はやはり自分自身の問題だとの思いが強くなっていった。

朝鮮学校側は、在特会が来て誹謗中傷を浴びせられた時、これに反論したり言い返したりすれば喧嘩両成敗のようにされかねないという危惧から、じっと1時間にわたる罵声に耐え続けたという。

当時アボジ会の副会長だった金尚均《キムサンギュン》さん（龍谷大学法科大学院教授）は、3人の子どもを同校に通わせていた。罵声に耐えながら、「警察や誰かが、それを止めてくれると思ったが、誰にも止めてもらえなかった。つらくて残念だった」と証言した。それを聞いて、やはり泣いてしまった。

ジャーナリストの中村一成氏は書いている。

「警察は、現行法では刑事責任の判断が難しい『街宣』という行為を黙認しただけではない。スピーカーの切断はれっきとした器物破損である。子どもがいる学校の前で拡声器を使ってがなり立てるのは威力業務妨害以外の何ものでもない。それら現行犯を警察官は放置した。公安（私服）に至っては完全な観察者だった。警察、とりわけ公安の、差別街宣参加者たちに対する『共犯的な寛容さ』は、差別街宣が社会問題化した2013年にも幾度となく指摘されているが、この事件はその原点ともいえる」（中村一成著『ルポ　京都朝鮮学校襲撃事件――〈ヘイトクライム〉に抗して』岩波書店、2014年）

この警察（加えてヘイト街宣を許可する行政当局もだが）の「共犯的な寛容さ」が在特会らをますます増長させ、その後の過激化に拍車をかけたのはまぎれもない事実だろう。

続いて原告側から事件発生当時、同校の教務主任だった先生が二人目の証人として登場した。この先生は、「自分たちが反論しなかったことで、在特会側の暴言を正当化させることになってしまったのではないか、そのことを子どもたちにどう伝えればいいか悩んだ」と話した。

被害者側が自分を責める状態におちいるのも、差別を受けた時によくあることだとあらためて痛感した。つい、自分を重ねてしまう。

在特会の街宣によって失ったものの一つに、朝鮮学校と地域社会とのつながりがあるとも聞いた。在特会が来るまではそこに育っていたつながりが、切断された。差別は、差別されるものを孤立化させる。事件発生から約2年数カ月後、第一初級学校は地域の人々とちゃんとしたお別れもできないまま、まるで夜逃げのようにこの土地を離れ、移転した。長年にわたって地域で培われてきたものが、在特会の襲撃によって無に帰されたのだ。

今回の法廷では、在特会側が執拗に朝鮮学校と朝鮮民主主義人民共和国、朝鮮総連との関係性を問いただす場面がみられた。コミュニティの一部なのだから関係があって当然だし、歴史的経緯からすれば、共和国から支援があった時代もかつてはあったのだから、関係がまったくないと言い切るほうが不自然だし、虚偽になる。

問われているのは彼らの犯罪行為だ。むしろ「共和国と関係がある」＝「差別されたり被害にあって当然」みたいな、被害者側に落ち度があるかのような発言もまたヘイトスピーチじゃないのか。

朝鮮学校授業料無償化除外問題などで国連人種差別撤廃委員会からも重ねて懸念が表明され、改善勧告を受けても、日本政府は朝鮮学校への差別を一向にやめようとしない。日本政府がもち出す論理も「共和国との関係」だ。歴史性を無視しマイノリティの基本的権利さえ認めない日本政府のやりかたは、それ自体ヘイトクライムと言っていいのではないか。こうした日本政府の姿勢が、在特会らをつけあがらせる背景の一つとなっていることは明らかだろう。

差別する側は、差別する自分たちが卑怯であることは承知していると思う。しかし卑怯であることを隠すために、もっともらしい理由を付ける。共和国の政府に問題があるのは確かだ。だが、日本でも韓国でも、中国でも米国でも、問題のない政府なんかない。マイノリティを差別する理由付けとして国や民族をもち出すのは、本当に卑劣なことだ。

朴貞任オンニの証言と「3つの祖国」

遅刻の女王と呼ばれている私は、この日も遅刻した。というかギリギリ。2013年3月13日、第17回口頭弁論。到着と同時に受け付け締め切りになってしまった。

「えー、大阪から来たのにまけて」と裁判所の職員に懇願したものの、笑顔で無視された。当たり前だ。しかし、なんとか傍聴券を確保。

前月の2月に東京・新大久保でのヘイトデモの取材に行ってその恐ろしさに泣き崩れていた私は、自分が体験した恐怖は、朝鮮学校の子どもたちや、教員、保護者が体験したものと同じだったのかなと思い始めていた。

今日の裁判では、京都朝鮮学校のオモニ会（母親会）の元会長の朴貞任《パクチョンイム》オンニが証言に立った。ほかのオモニ達もたくさん傍聴に駆けつけ、無言で応援した。

「私は、両親とも在日であり、私自身は在日3世です。私の祖父母は朝鮮から出稼ぎで日本に来ました。1920年代頃、私の祖父が日本に出稼ぎに来て日本である程度の収入を得ることができるようになったので、その後に、祖母や、叔母を日本に呼び寄せたのです。私の両親は2人とも日本の学校を出ていましたが、私には民族教育を受けさせたいと考えたため、私は朝鮮学校に通いました」

「子どもの頃、よく近所の子どもに『朝鮮』、『朝鮮』と言われていじめられました。そのときには、『朝鮮』は『ちび』とか『でぶ』、『あほ』とか言われるのと同じような、悪い言葉だと感じていました。（中略）『朝鮮人』は本当のことだったのですが私には逃れようもないことでしたので、近所の子ども達にそう言われると身の縮まるような思いがありました」

「けれども、朝鮮学校で学ぶうちに、『朝鮮』が恥ずかしい言葉ではないと思うことができるようになりました。朝鮮学校で気持ちを強くして貰ったのだと思います。先生が、学校の黒板に『朝鮮とは朝の鮮やかなきれいな国という意味なのです。』と書かれ、優しくしっかりと諭すように言われた言葉をとても鮮明に覚えています。見たこともない自分の祖国に思いを馳せ故郷の歌を歌ったり民族衣装を学校で着てみては胸を躍らせたものです。学校で学んだ細かなことは忘れても朝鮮という言葉の意味は、生きていく上での心の支えになり、決して忘れることはないものとなりました」

「日々の生活の中で実名を明かしたり、在日であることが分かってしまうような場面では、今でも葛藤を感じることがあります。けれども、朝鮮という言葉は恥ずかしい言葉ではないということから、自分の国を知り、想うという当たり前の発想をしっかりと育み、強くすることでこの日本で生きていても何ら恥じることとなく、むしろ心を豊かに強く生きていけるという自信が得られました。これらの大切なことは、朝鮮学校でしか学べないと思っています」（以上、裁判「陳述書」より抜粋）

また貞任オンニは、スーパーなどで自分の子どもから「オンマ（お母さん、オモニの幼児語）」と呼びかけられると、悪いことではないのにドキッとしてしまう、とも話した。自分たちの大切な言葉が奪われて行く瞬間だと思った。

「私たちには3つの祖国があると教わった。日本が生まれ育った故郷、祖父母が生まれた南側（大韓民国）、朝鮮学校を支え、また自分たちの心の支えとなっている朝鮮（朝鮮民主主義人民共和国）。反日教育など、受けた覚えがない」とも貞任オンニは証言した。

生徒の一人は毎日、学校で使う鉛筆4本をピンピンに削って持ってきていたという。けれど、決まってその子は2本しか使わなかった。なぜなのかその理由を聞くと、「在特会らがまた押しかけてきたら闘うためだ」と答えたという。

13年10月、ある大阪の朝鮮学校で校門に張り出されていた生徒の短歌が書かれた短冊がカッターで切りきざまれるという事件が起きた。しかし、生徒たちは笑いながら、新しい短歌を張り出そうと先生を励ましたそうだ。

弱く、小さなものたちも一緒になって、大人や学校を守ろうとする。そのいじらしさに接するたびに、自分たち大人の不甲斐なさを感じながら泣いた。

法廷内では、ほかのオモニ達も泣きながら聞いていた。私も泣けたけれど、語る言葉の一つひとつが悲しいのに美しくて、詩を聞いているような気分にもなった。この声が、被告側とそれらの活動を育てた人たちにちゃんと届けばいいのに、心からそう思った。

朴貞任オンニの次は、同志社大学准教授（当時）の板垣竜太氏（朝鮮近現代社会史）が証言に立った。板垣氏は、朝鮮学校の現在の運営状況の説明からはじまり、在日朝鮮人の歴史をたどりながら朝鮮学校設立の歴史的経緯や民族教育のもつ意義について、丁寧に解説した。またレイシズムの概念やレイシズムの主要な源泉が奴隷制や植民地支配にあること、そして本件における在特会らの行いは、まさに世界中で歴史的に繰り返されてきたレイシズムそのもの、その日本版であることが明示された（板垣氏は証言に先立ち裁判所に「朝鮮学校への嫌がらせ裁判に対する意見書」を提出。この「意見書」は同志社大学紀要「評論・社会科学」第105号に掲載、同大学図書館のウエブサイト上で公開されている）。

誠実な言葉と知識はレイシスト側を圧倒していた。知識は人を生かすためのもので、貶《おとし》めるためのものじゃないと再確認した。

＊

裁判後に、貞任オンニと少し言葉を交わした。貞任オンニは、

「裁判で被告らの発言を聞いてはがっかりしてたら、友人が『期待するからがっかりするねん。被告らが改心すると思ってるの？　ほんまにお人よしや』って。でも、お人よしでいたいよね」と言って笑った。人間はどこまでもひどくなれると思ってたけれど、また限りなく優しくもなれる。貞任オンニを見ていたらそう思う。

ふと私が「文章は下手だし才能ないし、傷つかないと何も書けない。変態みたい」と話したら、「変態や！」とつっこまれた。駅まで送って頂きながら、「でも、わかる。差別や傷つくことに慣れちゃうのが怖いんでしょ。私も一緒」

胸がつまった。在日は傷つくのが仕事みたいだ。だけどそれで心が弱っていたら「（都合の）良い在日」になり、「悪い在日」とされる側を叩くマジョリティに加担してしまうかもしれない。私は傍聴に行くことで、そういう卑怯な自分の弱さと向き合ってきたのかもしれない。

裁判の閉廷後、在特会副会長の八木康洋氏に声をかけてみた。私は当時ラジオフォーラムで排外・差別デモについての取材をしていたので、「これからの在特会や行動する保守の動きなどについて質問をしてもいいですか？」と尋ねると、彼はきちんと答えてくれた。

雨が降っていたため、相手方の弁護士が停めたタクシーにすぐに乗り込んでしまったのが残念だったが、彼は今後これらの活動は沈静化する、と答えた。ただ、それは「在日特権」がなくなることが前提での話であり、在日が日本人を脅かすかぎりはどうなるかわからない、とも付け加えた。

本当は「在日特権」などないことを彼らは知っているはず。でも、彼らはその活動をやめはしない。優しげな口調で在日を排除するお行儀のよいヘイトスピーチ。それを聞くことは、いつまでたっても慣れないし、怖い。

朝鮮学校への防犯ブザー配布とりやめ事件

2013年4月3日の夕方、ある在日コリアンの女性が、「某自治体が毎年朝鮮学校新入生にも配っている防犯ブザーを今年度は渡さないと。どうやら市民感情が許さないとかなんとか。まるで流行語になってる」とツイッターでつぶやいた。翌日の夕方には、その自治体が東京都町田市であること、決定を下したのが教育委員会教育総務課であることがわかった。

朝鮮学校に通う子どもは、共和国（朝鮮民主主義人民共和国）に関する問題が発生するたびに標的にされ、むしろ危険度は高い。にもかかわらず、なぜ町田市はこのような決定をしたのか。PCの画面を見つめながら、あほちゃうか、そう吐き捨てるしかなかった。

ツイッター上では、「これは朝鮮学校の生徒は不審者に襲われても仕方ないということなのか?」、「酷《ひど》すぎ、朝鮮学校の子供を狙えって言ってる様なもんやん」、「教育委員会がこれだもの。いじめがなくなるわけないよね」とさまざまな意見が飛び交った。

まず、事実の確認をしようと町田市の教育委員会総務課に問い合わせた。この防犯ブザー配布は2004年度から始まったもので、市立小学校に入学した新1年生全員に配布される、朝鮮学校側からは3月に貸与の申し出があったが、共和国のミサイル発射など最近の情勢から総合的に判断し、教育委員会で不貸与を決定した、朝鮮学校側には3月末に伝えた、とのことだった。

「私立、もしくはそれに準ずる学校ではどうですか?」と尋ねたところ、「私立でも申し出があれば貸与する。今回、申請した私立は朝鮮学校のほかには3校あり、貸与されなかったのは朝鮮学校のみ」という。

朝鮮学校に関するこういう問題が起きるたびに、またかと思い、そう思ったことにぞっとする。防犯ブザーはそれほど高額なものではないし、当初は友人たちでお金を出しあってプレゼントしてはどうかという話も出た。しかしそれでいいのだろうか?

最後に電話口の職員は、「多数の問い合わせや抗議の声を重く受けとめ、あらためてこの問題について検討している」と答えた。

その後、不貸与の決定は撤回された。一件落着とはいえ、行政の「空気を読んだ」この対応には大きな不安が残った。あからさまな差別には面と向かって対峙することができるが、それを育てるこういった土壌、差別を肯定しかねないこういった行為もまた恐ろしい。

差別は感情ではなく、システムの問題でもあると聞いたことがある。「公的な差別」に対抗することはできるのだろうか。変えていくのは市民の声しかないと思うが、私たち在日の声はあまりに小さい。

具良鈺弁護士と3人のヒロイン

2013年6月13日。京都朝鮮学校襲撃事件、第18回口頭弁論の今回は、いよいよ結審。今回もなんとか無事に傍聴できた。

この頃私は、ツイッターで私を「殺そう」と脅迫してきた「しまふくろう」氏をはじめ数人について、警察に相談に通っていたが、警察がなかなか動いてくれないことにやきもきしていた。また5月5日に行われた神戸の三宮街宣で桜井誠会長に直接ひどい言葉を浴びせられたこと、ヲ茶会くんの「自分も元ネトウヨだった」という院内集会での「カムアウト」などが重なって、体調を崩していた時期でもあった。

この日は、京都第一朝鮮初級学校のOGでもあり、原告側弁護団の一人でもある具良鈺《クリャンオク》弁護士の話が、自分のことのように胸に刺さった。裁判を傍聴しながらいつも思うけど、原告側のソンセンニム（先生）やオモニやアボジや学生たちは、もう一人の自分のようだ。

具良鈺弁護士は1982年、在日朝鮮人三世として宇治市のウトロ地区に生まれた。具弁護士は自身が中級学校の学生だった頃の差別体験を語った。

通学途上、電車に乗り込もうとしたとき、中年男性に後ろからいきなり髪を引っぱられ、「朝鮮人のくせに先に乗るな」と暴言を吐かれた。彼女は気丈にも男性の手をつかみ、駅長室に突き出した。その時、彼女はずっと足が震えていたという。学校ではその「武勇伝」を友達や先生に語ったけれど、足が震えていたことは誰にも言えず、黙っていたそうだ。

強くなければ、笑い飛ばさなければ自分のプライドは保てない。鉛筆を削っていた朝鮮学校の少年と、少女時代の具弁護士が重なった。

私もそうだ。カウンターやヘイトデモの取材の時はいつも震える。取材しながら被差別当事者でもあるのがつらく、大丈夫なふりをしては、一人になってから震え泣く。在日なら多かれ少なかれみんな同じような体験をしているはずだ。傷つきながら声をあげるって、ほんましんどい。

具弁護士が朝鮮学校襲撃の際の動画を真夜中に見た時の話も、聞いていて胸が苦しくなった。在特会らが罵声を浴びせるシーンは、5秒間再生してはすぐ停止。泣きながらまた再生し、停止。それを繰り返したという。自分が原稿を書く時もそうなので、その苦しみは痛いほどわかる。

具弁護士は「アイデンティティの殺人やん」と言う。ほんまそうだ。私たちは動画で、ネットで、毎日殺されている。

今でも私はヘイト街宣の動画を正視できない。講演会などがあって、在特会らの動画が流れる時はいつも退席するか耳をふさぎ、目をつぶる。「ゴキブリ」、「スパイの子ども」と叫ばれているのは、やっぱり自分だ。自分の一部がいつでも、切り刻まれていく気分になる。

以前、この裁判では2人のヒロインがいると上瀧浩子オンニは話していた。オモニ会の元会長の朴《パク》貞任《チョンイム》オンニと具良鈺弁護士という2人の在日の女性。私は、浩子オンニも加えて3人のヒロインがいたと思う。強くて、弱くて、格好いい3人のヒロイン。温かい、笑顔が素敵な3人。

ともかく、今日で一区切り、と思った。18回の裁判のうち、私は半分しか傍聴できなかったし、何の役にも立てなかった。傍聴の抽選は外れてばかり。なのに貞任オンニたちは、私の仕事や体調をすごく心配してくれた。自分たちも大変ななか、どこまで優しいのかと思って、また泣けた。泣いてばっかしやけど、いつか、そのお返しがしたい。

京都地裁判決と希代のヘイトスピーカー川東大了氏

「ふざけんな川東」。いつも会うたびにそう思っている。動画さえ撮影されなければ、ありったけの罵詈雑言《ばりぞうごん》をぶつけたい。けれど、彼は何とも思わないだろう。むしろ、それを喜ぶだけだ。

2013年10月7日。朝鮮学校襲撃事件裁判の判決の日。前日の新聞各紙は「街宣活動がヘイトスピーチ（憎悪表現）にあたるかどうかの法的判断を問う初の訴訟で、判決が注目される」等と報じていた。

京都地方裁判所の前には多くの人が集まっていた。その中にはカウンター活動に参加している人も多数いた。私は韓流ブームが在日の頭上を通り抜けてしまった経験から、今盛り上がりを見せているカウンター活動も同様のことが起こらないかと懸念していた。けれどそこに集った人々の顔は、それが杞憂であることを物語っていた。

裁判の直前に川東大了氏が突然やってきた。彼はかつて在特会の副会長であり大阪支部長だった人物で、関西方面の「行動する保守運動」において過激な活動で知られた「チーム関西」の一員だった。11年1月には水平社博物館の前で部落差別的な内容を含んだ街宣を行い、不法行為責任を問われている。10年4月の徳島県教職員組合事務所乱入事件にも関与している。

「李さん、傍聴券の抽選当たった?」

川東氏が突然なれなれしく話しかけてきた。川東氏にツレのように思われているのはなぜだ。

「外れたよ。そっちは?」

「あ、僕ね、被告なんです! 被告は傍聴券いらないんですよ!」

すごく普通に話しかけてきたので、彼が被告だったことをすっかり忘れていた。

そしてその場にやってきた上瀧浩子弁護士に、

「被害者の前で加害者と話をしてたら、どう思う?」と叱られてしまった。

川東氏は、警備員に在特会関係者らが集まるほうへと誘導されていった。なんだろう、川東氏のこの距離感と罪悪感のなさは。あいつのせいで怒られたじゃないか。

彼は普通に話している時はどこにでもいそうな40代の男性だが、街宣でマイクを握ると一変する。ためらいもなく「チョンコ」と叫ぶ。水平社博物館前でも、聞くに堪えないヘイトスピーチをまきちらした。とても楽しそうに叫ぶその姿を見るたびに、おかしいのは自分のほうじゃないのかという錯覚におちいる。その普通さ、無邪気さがとてつもなく怖い。

抽選に外れた私に、仕事を休んで駆け付けたカウンターのメンバーの友人の一人が、

「リンダちゃん、これあげるよ」と傍聴券を差し出してくれた。

「いやいや、あんたもせっかく仕事も休んで大阪からわざわざ来たんだから。いいよ」といったんは断わったものの、5分前になって、

「やっぱりちょうだい」

友人は笑って傍聴券を譲ってくれた。

京都地裁の橋詰均裁判長は10月7日、在特会らの街宣活動をヘイトスピーチ（憎悪表現）であり、人種差別行為と認定。在特会側に1226万円の賠償と学校周辺の半径200メートル以内の街頭宣伝禁止を命じる判決を言い渡した。

今回の判決は、日本国内はもちろん、韓国メディアでも大きく取り上げられた。特定の人種・民族に対する差別と憎悪をあおる憎悪発言（ヘイトスピーチ）をめぐる訴訟で、損害賠償を認めるのは異例であり、嫌韓デモに対しても人種差別を理由にブレーキをかけることになるか期待される判決である、とされた。一部の韓国メディアは、この判決が在特会の今後の活動に少なからぬ影響を及ぼすとともに、反韓デモに対する法的な対応は今後も続くものと予想した。

ある日本の新聞記事では「裁判期日は18回を重ね、書証などの訴訟記録は5400枚以上の分厚いものに」とあった。ここには、民族教育の重み、朝鮮学校への思い、関係者の涙や痛みも折り重なっている。

しかし残念ながら判決では、弁護団が重きを置いていた「民族教育権」については言及されなかった。判決を喜んでいいのか悪いのかわからない。もらった京都新聞の夕刊には「在特会街宣は人種差別」、「ヘイトスピーチに賠償命令」という文字が躍っていた。近くにいた龍谷大学の金尚均《キムサンギュン》先生に、

「勝ったのか負けたのか、どっちかわからなかったけど、ひとまず勝ったと思っていいの?」

と聞くと、笑顔が返ってきた。ひとまず、勝った!

「民族教育権」を認めれば日本政府の朝鮮学校無償化除外などの差別政策に真っ向から反論することになるので、これを認めさせるのは難しかったのかもしれない、との見方も示されたが、弁護団はしっかりそこにこだわりぬいて、主張を貫いた。まずは一歩前進、なのかもしれない。

この京都朝鮮学校襲撃事件の判決で個人的に一番考えさせられたのは、やはり「ブレノ」こと松本修一氏の果たした役割についてだった。判決では映像をインターネットに公開することにより、差別被害が日々増幅されていくこと、映像を公開することもヘイトスピーチに当たることが示された。

自分自身そのような動画を公開されてきた被害者でもあるが、またネットに関わり、そこを仕事場にもしてきた。ネットが差別を肯定するような、悪意をまきちらす装置になったことはすごく残念だけれど、かといってどうすればいいのか簡単に解決策を見つけ出すことはできそうもない。ただこの判決は、ニコニコ生放送などの動画を配信しているニワンゴ社の過失や責任についても踏み込むきっかけになるとの話も聞いた。そのことで、少し安心したりもした。

裁判後の記者会見では、今回の事件・裁判を通して在特会＝在日特権を許さない市民の会という言葉とともに「在日特権」というありもしない「特権」を指す言葉が報道されることへの懸念についての質問があった。弁護団からは「否定的に取り上げられるので、その懸念は特にない」との答え。「在特会の街宣は差別」、「在特会で活動した結果、損害賠償1200万円」など、マイナスイメージと共に語られる在特会を、日本社会は肯定しないだろう、とのことだった。

支援者集会ではいつも、会場の前方に「ヘイトクライムのない社会を　民族教育権を保障しよう！」

という横断幕が掲げられていた。しかし、この日はいつもと違ったことが一つだけあった。その横断幕には、朝鮮学校に通う子どもたちのカラフルな手形がつけられていた。並んだ手形が子どもたちの笑顔のように思えた。

弁護団による判決の解説後、朴貞任《パクチョンイム》オンニがオモニ会のオモニたちと立ち上がり、会場の人たちに向かって「コマッスンミダ（ありがとうございます）」とお礼をした。集会の後、「コマッスンミダの声を聞いたら胸が苦しくなった。何もできなかったから」と貞任オンニに言うと、抱きしめられて一緒に泣いた。

「ヘイトクライムのない社会を　民族教育権を保障しよう！」の横断幕は、「東京大行進」（2013年９月）やソウルで行われた「NO！RACISM 日韓友好ソウルパレード」（2014年４月）でも掲げられた。写真はソウルパレード時のもの。（撮影著者）

打ち上げの会場はお好み焼き屋で、そこでは保護者でもある金尚均先生や貞任オンニ、支援者や上瀧浩子弁護士などが集まり、抱き合って喜び合った。

帰宅すると、判決とその後の報道を夫も息子もとても喜んでくれていた。夫は「ずっと京都に通っていた甲斐があったな。社会も朝鮮学校に対して良い方向に変わればなあ」と言ってくれた。いつも裁判後はつらくて、だいたい飲んだくれて帰って来るのに、温かく見守られているようでよかった。

当日と翌日の主要紙をすべて購入し、ニュース番組もしっかりとチェックした。判決の翌週以降に行われた在特会らの街宣やデモに対するカウンターでは、さっそく「在特会街宣は人種差別」との新聞の見出しを利用したプラカードが掲げられた。

私は、在日の歴史の新しい1ページに立ち合うことができた。在日はいつも裁判の中で、自分たちの権利を勝ち取ってきた。在日はいつも闘っている。それは今の自分たちのためでもあり、未来を創るためだ。

しかしその後、在特会側は高裁へ控訴した。在特会や行動する保守らの差別街宣やデモは、2014年だけで7月までに全国で100回以上行われており、その動きは沈静化する気配を見せない。

私たちの闘いはまだまだ続く。けれど、本当なら誰も闘いたくはないはずだ。終わらせないのは誰だろう。在特会なのか、それらを取り巻く社会なのか。

公園の丘

２０１３年11月、移転して新しくなった朝鮮学校で、公開授業と「朝鮮学校襲撃事件裁判報告会」が行われた。「訴訟をともに〝あゆみ〟つづけた経験を　民族教育を発展させる〝こやし〟にしていこう」との横断幕が掲げられていた。

支援者懇親会では、あるアボジから「11月４日の京都でのカウンター時に見かけた」と声をかけて頂いた。「自分たちの知らないところで、たくさんの人が朝鮮学校のために活動しているのを見て、ありがたかった」と。

そのアボジのお子さんは襲撃事件の当時1年生。この数日前の在特会らによる排外デモを見て怖がり、すぐに電車に乗って家に帰ろうと言ったそうだ。私もその現場にいたが、デモが通過するのをただ見ていることしかできなかった。悔しさと自分の無力さに涙がこぼれた。

しばらくして私は懇親会を抜け出し、勧進橋の第一初級学校へ向かった。

賑やかな集会会場とは打って変わって、そこには静かな校舎が佇《たたず》んでいた。取り壊し前なのでシートがかけられ、当然だが誰もいない。移転を余儀なくされたその学校は、ぐるっとひと回りしてみて

も ほんとに小さな空間だった。

この狭い学校に、かつてはたくさんの笑顔がはじけていたはずだ。誇らしげに手をひかれ、もしくはバスに乗り込み、たくさんの子どもたちが通っただろう。大人たちも子どもの成長を温かい目で見守ってきたはずだ。地域との交流もしっかり根を下ろしていた。

それを思うと、胸が締め付けられそうになった。

学校と車1台が通れるだけの道路をはさんで、勧進橋児童公園がある。朝鮮学校のグラウンドとして使われていた公園で、在特会らの襲撃事件の「発端」となった場所だ。

雨の日の公園にもひと気はなかった。事件のあった通用門の前には、怖くて近づくことができなかった。当時も何もできなかった自分は、事件から4年が過ぎても頼りない。

懇親会の時、貞任オンニに、

「このあと、勧進橋児童公園に行こうと思う」と告げると、

「あの丘、見てきて。そして登ってきて」と言われた。私は、

「丘の上に立って、朝鮮学校マンセー（万歳）って言うてきます」と笑った。

けれど私にはできなかった。公園に入ることすら怖かった。学校が移転するまでの間、どんな思いで生徒や保護者、先生たちはこの公園を見つめていたのかと思うと、また胸が痛んだ。

京都市は、1963年の公園使用に関わる学校・市・地元自治会との3者合意を「記録が残っておらず確認できない」として、襲撃事件後、市に寄せられたクレームに対しても、「公園使用を許可し

たことはない」などと答えていた。また事件の前、高速道路の延伸工事で公園の一部が閉鎖されていたが、再開するときには「ほぼ原状回復する」としていたにもかかわらず、そこには小さな「丘」がつくられ、従来どおりグラウンドとして使うことはできなくなっていた。

在特会は激しく暴力的な差別を行い、裁かれることになったが、その一方で行政は静かに、きれいな差別を行った。

その後、第一初級学校の校舎は取り壊された。最後にお別れと、謝罪ができてよかった。

ただ、長い間傍観者だった自分が、許されたかどうかは今でもわからない。

控訴審と徳永信一弁護士

2014年3月25日、大阪高等裁判所で京都朝鮮第一初級学校襲撃事件の控訴審・第1回口頭弁論が開かれた。高裁前には京都や大阪から150名を超す在日や日本人の支援者らが、傍聴券を求めて並んだ。

私は予想通り抽選に漏れた。初めての傍聴以来、9割以上の確率で抽選から漏れている。なぜだ。「抽選に外れたほうがきっといい結果になる」とうそぶいていたら、その場にいた人から声をかけられた。ツイッターでフォローして頂いており、傍聴券を譲ってくれるという。ありがたくその好意に甘え、中に入った。

傍聴席は、報道陣や若干名の在特会側関係者席を除き、ほぼ朝鮮学校の支援者で埋めつくされていた。私の隣にはオモニ会のオモニたち、そのさらに隣には大阪のカウンター活動でよくお会いする公安の方もいた。

まず、控訴側（在特会らの側）の徳永信一弁護士の陳述が始まった。

「日本人こそが権利を奪われている」、「在特会がやってきたことは政治的主張であり公益目的であった」などと、徳永氏は1審で相手にされなかった在特会らの主張を、再び垂れ流した。

この裁判には、事件当日、朝鮮学校の前で1時間以上にもわたってヘイトスピーチを浴び続け、黙り込まされた人たちも傍聴に来ている。法廷という場所で、また同じことが繰り返されている。やっぱり何もできないのが悔しい。たまらず耳をふさぎたくなる。隣に座っていた朴貞任《パクチョンイム》オンニらは、その発言のひどさのせいか、何度もハンカチを目にあてている。ひどい発言をしている自覚がないのも怖いが、わかってやっているなら悪質すぎる。

傍聴席から「でたらめ言うな」との声が上がった。

「何なんだ？　今のは」と徳永弁護士は吐き捨てるようにつぶやいた。興奮してなのか、緊張からなのか、陳述書を持つ手が震えている。13分にわたってヘイトスピーチを繰り返した徳永弁護士は、まるで在特会の会員たちがのりうつったみたいで恐ろしかった。

被控訴側（朝鮮学校側）から意見陳述を行った京都朝鮮学園の孫智正《ソンチジョン》理事長は、提訴に踏み切った経緯について、子どもたちを守るためであり、民族的な自尊心を育む場所である朝鮮学校を守るためであることを静かに語った。また地裁判決について、人種差別を許さないという姿勢を示した画期的なものであり、高裁でもこれを維持することを求めた。

そして「この判決（地裁判決）があの12月（事件発生当時）の時点で既にあったならば、そして、こうした行為が明白に違法であることや、その人種差別の被害が深刻なものとなることの意味が警察組織にも理解されていたならば、警察官もあの時のような『寛容な対応』に終始するのではなく、子どもたちを守る対応をしてくださったのではないか、とも思うのです」と、当時の警察の対応について言外に批判した。私自身がこれまでに経験してきたカウンター活動での場面と重なり、深く頷いた。

口頭弁論後に行われた報告支援集会には、裁判の傍聴に外れた支援者らも再集結し、約百席がすべて埋まり、立ち見も出るほどだった。

弁護団の豊福誠二弁護士と、京都地裁でも証言に立った第一初級学校が母校でもある具良鈺《クリャンオク》弁護士が、今回の在特会側の控訴理由や朝鮮学校側の反論内容などについて詳しく説明。のち、京都朝鮮初級学校の金《キム》志《チ》成《ソン》副校長がスピーチを行い、襲撃事件後の自身の心情、教育者としての自信を失いかけたことなど、苦しかった当時の心境を語った。

加えて、事件をきっかけに在日同胞はもちろん、日本人からの支援が大きく広がったことも報告し、「子どもたちや教員たちも勇気づけられた」と笑顔で結んだ。

＊

傍聴のたびにオモニ会のオンニらの泣き顔を見るのが仕事みたいになっている。私には何もできないことがつらい。なのにオンニらは「雰囲気が変わったけど、しんどいことあるんちゃう？　大丈夫？」「今日も来てくれてありがとう」と声をかけてくれる。

裁判の傍聴に行くまで、支援の方法がわからなかった。なので、とにかくずっと追いかけて、記事にしてきた。韓国メディアの声も拾い、何度も伝えた。韓国人も応援しているってことを伝えたかった。そして「自分の一部」としての朝鮮学校や子どもたちを、守りたいとも思ってきた。でも、実は守られているのは自分でもあった。

在特会らは、こんな濃密なコミュニティがうらやましいのかもしれない、とふと思う。そういえば、控訴審中、被告席に座っていた在特会の八木康洋副会長と中谷辰一郎氏は、ただの一度も目も合わせることはなかった。

十本の指

「朝鮮学校のことを何も知らんくせに。お前たち韓国メディアはこの10年何をやってきたんだ」

2013年末から14年の初めにかけて朝鮮学校に関する取材をするなかで、ある民族組織の男性からお叱りを受けたことがある。（そのときは韓国メディアの依頼を受けての取材だった。）

朝鮮学校について考えると、「在日ってなんだ?」という根本的なところにつながっていったりする。私自身、実際まだまだ何もわかっていないのだけれど。

代々木公園での「2・26朝鮮学校への『無償化』即時適用をもとめる大集会」（2011年）からもう3年以上が経つ。あの寒いなか、代々木公園に集まってきた朝鮮高校の生徒たちを見て何ともいえない気持ちになったのを思い出す。あの時、すっきりした気持ちで卒業できなかった高校生たちに謝らなきゃいけなかったのは、自分のほうだったような気がする。そしていまだに毎年同じような気持ちを抱かせたまま生徒たちに卒業の日を迎えさせてしまうことが、申し訳なくてならない。

日本社会に限ったことではないのだろうけど、排他的な社会や人はいつでも「生贄《いけにえ》」のようなものをつくる。日本と朝鮮半島の間で何か問題が起こるたびに、真っ先に矢面に立たされるのが朝鮮学校だ。そしてその問題をめぐって差別や排外政策が強化され、在日の中に新しい分断も生み出す。

日本の中にも分断はたくさんある。招き入れた日系ブラジル人の学校は閉鎖の危機に。福島で放射能被害を受けた避難者の他県での受け入れは進まない。そして朝鮮学校の無償化は除外。移民した外国人であれ、在日であれ、日本人であれ、他者に我慢を強いる社会はおかしいと思う。

南北に分断されていても、その政治体勢がどうあろうとも、共和国も韓国も両方とも自分にとってはルーツの一部であることに変わりない。朝鮮学校に通う生徒の多くもそうだろうと思う。私の実の兄や姉は共和国にいるし、韓国は祖父母の出身地だ。共和国の兄姉がどうやって暮らしているのか心配になるし、共和国に関する報道を目にして憤りを感じる時もある。絶望だってする。けれどその私自身の苦しさや問題は、総連を糾弾したり朝鮮学校を無償化から除外することで解決するはずがない。無償化からの除外は、私もこの社会から除外されているような気分になる。

2011年は1年間で200人近い朝鮮学校関係者と出会い、たくさんお世話になった。その後もことあるごとにたくさんの朝鮮学校の関係者に出会った。鶴橋でいつもお邪魔するホルモン屋「茂利屋」や季節料理の「とらや」、桃谷の「西光園」、心斎橋のダイニングバー「ワーバー」など、さまざまなところでつながっている。やっぱり飲んでばっかりか。

小さい時から家族の縁が薄かった自分に、いっぱいオンニやオッパ、弟や妹、アボジみたいに頼れる人ができた。「また会いたい」と思う人がいる場所がふるさとだと思う。朝鮮学校出身者にとっては、朝鮮学校が故郷なのかもしれない。日本学校出の私は、その故郷を誰かの心に見つける。

朝鮮学校と日本の学校、どちらを選ぶにせよ、子を思う親の気持ちに変わりはないだろう。ただ、公立の学校でもきちんとマイノリティが自国の文化や言葉を学べて、出自に関わりなくしっかりそれぞれのアイデンティティが確立できるなら、朝鮮学校に通う必要もないのだろう。それができないから朝鮮学校を選ぶ。必要とするからあるのだ。

私は朝鮮学校出身じゃないけれど、外側にいたからこそ見えるものもある。もっていないからこそわかる大切さだってある。自分の培ったウリマル（朝鮮語・私たちの言葉の意味）も、半分以上はハギハッキョ（夏期学校）や学生会、留学同など、総連に関わるところで学んだ。日本の学校に通っていた私にとっては、それらが必要だった。

日本にいる下の兄と喧嘩をすると、やきもち焼きの私はいつも、「私とお兄ちゃんと、どっちが大切？」と聞いては何度もオモニを困らせた。そのたびにオモニは、「どの指を噛んでも痛いように、どちらも大切な私の指で可愛い子ども」と笑って答えた。オモニもハルモニ（祖母）にそう言われて育ったそうだ。私はこのオモニの話が、実は朝鮮半島のことわざであることを大人になってから知った。周りから、なぜそこまで朝鮮学校に関わるのかと聞かれる時がある。そんな時は私もオモニに倣《なら》って「朝鮮学校の人々が受けた痛みは自分の痛みで、全部自分の中にある大切な一部だから」と答えている。

韓国も共和国も日本も、朝鮮学校も民族学級も、親も兄弟も家族も。そして出会ったあなたも。みんな自分の一部で、大切な指。だから、あなたの痛みは私の痛み。そう思いながら、これからも関わっていくと思う。

控訴審判決——そして法廷に響く叫び声

2014年7月8日、大阪高裁で控訴審判決が言い渡された。第1回公判が開かれただけで結審・判決となった。

森宏司裁判長は、「本件、各控訴を棄却する。控訴費用は控訴人の負担とする」として、控訴人（在特会ら）とその会員たちに対し、1審と同様、約1200万円の賠償金の支払い等を命じた。

判決は、在特会らの「在日朝鮮人を嫌悪・蔑視する発言は下品かつ低俗で、強い違法性が認められる」とし、「社会的偏見や差別意識を助長・増幅する悪質な行為であることは明らかで、（朝鮮学校の）民族教育の運営に重大な支障をきたしただけでなく、今後も被害が拡大する可能性がある」と指摘した。

さらに判決では、民族教育そのものについても画期的な認識を示した。判決文に、「本件学校における教育業務を妨害され、本件学校の教育環境が損なわれただけでなく、我が国で在日朝鮮人の民族教育を行う社会環境も損なわれたことなどを指摘することができる」、「被控訴人（朝鮮学校）は、その人格的利益の内容として、学校法人としての存在意義、的確性等の人格的価値について社会から受ける客観的評価である名誉を保持し、本件学校における教育業務として在日朝鮮人の民族教育を行う利益を有するものということができる」と明記し、この日本社会の中で、在日朝鮮人が朝鮮学校で民族教育を受けることの正当性にまで言及したのだ。

地裁判決よりもずっと踏み込んだ判決で、私は正直とても驚いた。日本の裁判は地裁で勝たせ、控訴審や最高裁でひっくり返すことがよくある。賠償金の減額の可能性も捨てきれないと、最悪の事態も想定して、保険をかけるように期待を抑えていただけに、手放しで喜べた。

だが、判決が下った直後、法廷内で一人の女性が叫んだ。

「日本の司法も終わったな。朝鮮人におもねって、恥を知れ、恥を！」

中谷良子氏だった。裁判所職員に外に連れ出されながらも「朝鮮人、日本から出て行け！」と叫ぶ彼女の姿を見て、うんざりした半面、どこか可哀想にも思えた。まるで、自分を助けてくれと叫んでいるようにも見えた。

彼女はその日の午後から大阪駅近くのヨドバシカメラ前で、今回の判決の不当性を訴えて街宣を行い、御堂筋でも同趣旨のデモを行った。

「朝鮮人ども、文句があるなら私の前に一人で来い！」と、彼女は叫んだ。

街宣終了後、私はビラを配っている彼女に声をかけた。

「そのビラ、ちょうだい？」

彼女は「イヤっ！」と叫び、踵《きびす》を返して立ち去った。なんや、朝鮮人が一人で来たのに。

彼女はずっとこのままなんだろうか。その姿を、ずっと見つめていた。

判決の後は、大阪弁護士会館で支援者集会。上瀧浩子弁護士が登場した際には、長い長い拍手が続いた。話す前から、浩子オンニの目はすでに真っ赤だった。「控訴棄却という判決をみんなで聞けてよかった、ほっとした」という言葉を聞いて、うんうんと頷いた。本当にほっとした。

支援者からのメッセージに続いて、最後にオモニ会のオモニらが登場。朴貞任《パクチョンイム》オンニが、当時、朝鮮学校内にいた子どもの手紙を朗読した。

「あのとき2年生でした。お弁当を食べていました。今でもお弁当の時間になると思いだします。たくさんのひとが学校を守ってくれました。ぼくも学校を守れる大人になります」

涙腺が崩壊した。

夜には、福島大学の金炳学《キムビョンハク》教授から電話があった。勝訴を祝う電話だった。

思えば、福島の朝鮮学校の除染作業の取材に行く前日に、私は上瀧浩子弁護士と出会ったのだった。震災後に私の朝鮮学校と出会う旅が始まった。朝鮮学校襲撃事件の裁判を追う日々は、自分の中のもう一つの「在日」や「朝鮮」を探す旅でもあった。

この事件が自分自身の痛みだと気がつくまでずいぶん時間がかかった。それは全部つながっていた。この日本の中の朝鮮、自分の大切な一部にやっとたどり着いた気がする。

そして、勇気のバトンはもらった。次は私の番。

反レイシズム裁判へ——法しばき、始めました。

2014年8月18日、「在日特権を許さない市民の会」（在特会）と同会の桜井誠会長、そして「まとめサイト」の「保守速報」に対し、私は損害賠償を求める訴訟を大阪地方裁判所に起こした。

提訴した理由は二つ。一つはネット上のヘイトスピーチ。自分自身もずっとインターネット上でのヘイトスピーチに苦しめられており、とりわけ、2ちゃんねるなどの差別発言をまとめた、いわゆる「まとめサイト」は悪質だった。

特定の個人や団体に対し、誹謗《ひぼう》中傷だけで仕上げたまとめサイトの記事は、インターネット上に渦巻く個人の差別感情を後押しし、煽動するものでしかない。またその標的になった場合、多くの一般人には自分を守るすべがないこと、抗議しても個人ではきちんと取り扱ってもらえないことも問題だと思っていた。

さらに、ネット上でヘイトスピーチをまきちらし、在日に嫌がらせをする人たちの多くがそうであるように、まとめサイトの管理人の多くが匿名《とく》だ。自分自身もインターネット上で記事を書いているが、もちろん実名だ。自分自身は安全な場所にいて、差別を煽ってそれを商売にする。そのことも許せないと思った。「ネットに匿名はない、調査すれば特定できる。差別や誹謗中傷は訴えられる」ということがわかれば、再発防止につながるのではないかと考えた。

もう一つは、ネット上に留まらないヘイトスピーチ、路上に飛び出した在特会を代表とする行動する保守団体らについて。彼らと行動を共にした28歳の青年（「しまふくろう」氏）は私をツイッター上で脅迫した容疑で書類送検され、昨年（13年）の2月には中学生が鶴橋駅前で「朝鮮人を虐殺する」と叫んだ。ベビーカーを押す女性を囲み恫喝し、昨年春に朝鮮学校無償化除外反対を訴えるパレードに突っ込んでいった18歳のS少年は、その後別の容疑で逮捕され、少年院に送られた。

彼、彼女らを煽動したのは誰だったのか。在特会を代表とする行動する保守団体の代表らは、まとめサイトの管理人と同様、自らは安全な場所にいて若者らの憎悪を煽り、将来をめちゃくちゃにした。また彼らは京都朝鮮学校を襲撃し、多くの保護者や子ども、教員の心を傷つけた。しかし、代表者は個人としては、何の責任も問われていない。その後も在特会らは反省もないままに、行政の道路使用許可と「表現の自由」の名のもとで、今もなお毎週のように差別煽動活動を続けている。

日本にはいまだ差別を裁く法律はなく、名誉棄損や侮辱罪にしても、刑事事件での告発はハードルが高い。ライターである以上、ペンで闘うことも考えたが、ペンを持たない普通の人たちはいったいどうするのか、被害者を守ることはどうやったらできるのか、と考えた。ネット上で、路上で、声もあげられず黙らせられているのはいったい誰なのか。

訴訟をすることは自分も含め、一般の人や被害者にとって簡単なことではない。金銭も時間もかかり、自分を露出することにもなり、法廷での「2次被害」も心配した。けれど、京都朝鮮学校の被害者の人たちも同じ普通の人たちだった。この人たちから多くの勇気をもらった。朝鮮学校裁判の地裁判決後に、次は自分が闘う番だと思い、訴訟に踏み切った。

関東でも同様な訴訟が始まっており、伊藤大介さんの提訴もまた、自分と同じような思いを抱えてのことだったと聞いた。大人が、今の自分ができることは、法廷で闘うことだと思っている。

在日朝鮮人であること、女性であることで標的とされてきたが、同じような思いをもうほかの誰にもさせたくない。今回の訴訟を契機に、さらにインターネット上や路上でのヘイトスピーチに歯止めがかかれば、議論が深まればと願っている。

……と格好いいことを書いたけど、本当は提訴する直前まで悩み、逃げ出したいと思っていた。今でも、なんで裁判やってるのかな？　と、大きな流れの中で翻弄されてもがいている自分がいるような気がする。家族や友人たちの前で、また電話をかけたりして泣いてばかりもいた。証拠資料を作成するために動画やネットを見ては吐き、孤独感にさいなまれて眠れない毎日を過ごした。

京都朝鮮学校襲撃事件裁判の地裁判決後、「訴訟をしたい」と上瀧浩子弁護士に打ち明けた。断られたらあきらめようと思っていたが、浩子オンニは「わかった」と即答してくれた。

民族差別、女性差別、そしてネットに詳しいという三条件がそろった弁護士はなかなかいない。運命と言ったらおかしいかもしれないけれど、ここまでたどり着けた出会いに感謝している。

当初は、訴訟は保守速報のみを念頭に置いていたのだが、昨年の秋に上京した際に野間易通さんに訴訟について話し「法律でしばきたい」と相談すると、「李さんはボスキャラやから、ボスを訴えることも必要では？　関東では伊藤（大介）さんが闘う。関西ではあなたでは」と言われ、悩んだ末、在特会と桜井誠会長も訴えることに決めた。

その旨を上瀧弁護士に話し、受任してもらった。また大杉光子弁護士という素晴らしい先生も紹介してもらった。その帰り道、「私をこの訴訟の弁護士に選んでくれてありがとう」と浩子オンニに言われ、泣いた。女性だし、この裁判を引き受けることによって事務所にも被害が及ぶかもしれない。大変なことに巻き込んだのかも、と思っていたけれど、そう言ってもらってほっとした。実際、浩子オンニの事務所には、「売国奴」と書かれたファックスが何百通も届いている。

裁判を起こすことが公になった後、たくさんの人が支えてくれた。カウンターのために街角に立つ人たち、逮捕されても「李さんこそ大丈夫か」と、自分のことを忘れて励ましてくれる男組のメンバー。ネットでも多くの人たちが自分に対するヘイトスピーチに抗議をしてくれている。

安田浩一さんは最近、私と会うとちょっと困ったようないつもの笑顔を見せながら、つらそうだ。「裁判をはじめ、矢面に立たせて、会うたびに申し訳なくなる。どう言っていいかわからない」という。ちょっとうれしくて、ちょっと悲しい。

泣き虫でみっともなくて立派な朝鮮人でもないけど、こんな自分でも次は誰かを支えたいし、ネットや路上のヘイトスピーチをなくしたい。大阪のおばちゃんがアメちゃんを配るように、在日のオモニがお腹すいてない？　と子どもたちに声をかけるように、この裁判が誰かの心を少しでも満たすようなものになればと願っている。

提訴した日は、偶然にも自分の誕生日だった。裁判所に行く前、オモニがお世話になっているデイサービスにチョゴリ姿のままで立ち寄った。このチョゴリは、オモニから中学生の時にもらったものをリメイクしたものだ。オモニは、現在は認知症で、多くのことを忘れている。まだなんとか私のこととは記憶にあるけれど。会うたびに泣いてばかりいるオモニだが、この日は「どうしたの？ なんでチョゴリを着てるの？」と以前と変わらない笑顔で尋ねられた。「オモニ、今日は私の誕生日やで。なんで生んでくれてありがとう」そう伝えてから、裁判所に向かった。

今はつらいことも多いけれど、「この日本で、在日朝鮮人として、女性に生まれてよかった」、いつか心の底からそう思いたい。誰もが「生まれてきてよかった、生きることって時々しんどくて面倒くさいけど、それでも素晴らしい」そう言って支え合い、笑い合える社会をつくりたい。そこに、差別はいらない。

在特会と桜井誠氏を訴えた裁判の第1回口頭弁論が10月6日に行われた。昨（13）年のこの日は、京都朝鮮学校襲撃事件の地裁判決が出た日だ。そして上瀧浩子オンニの誕生日でもある。すごくゲンのいい日だ。

この日、東京の年下の友人が、反レイシズムに関するドキュメンタリーを撮影しているということもあって、朝から自宅にやってきた。裁判所へ入るまでの私の姿も撮影したいと言うので、私が足を骨折していたこともあって、一緒にタクシーで裁判所へ向かうことになった。車中ふと携帯電話を見ると、京都朝鮮学校襲撃事件の支援をしていた事務局の人からメールが届いていた。朴貞任《パクチョンイム》オンニからメッセージを預かったという。

シネちゃんへ

貴女の覚悟と決断の末選択した闘いがとうとう始まりますね。今ふと、貴女に初めてインタビューを受けた時を思い出します。報告集会が終わりカーテンの裏側で私の言葉に涙ぐみ、口をぐっと噛み締めてた表情が忘れられなかった。人の痛みをわかる人。真っ直ぐすぎる人。そんな印象でした。

在日のさまざまな背景がある中、翻弄されるほどに敢えて立ち向かう決意が、今思えば貴女の印象として残っていたとおもいます。これからどんなに長い闘いになるんでしょう？　どんな辛い事が待ってるんでしょう？　私達も初めはそんな不安で一杯でした。

直ぐにはその不安は拭えなかった。何度もこの選択の是非を考えて、苦しくて、投げ出したかった。終わった今でも尚、本当に今でも時折、その時の胸苦しさが蘇り、口の中が苦い味でいっぱいで充満するのよ。

でも……シネちゃんへ。私達は見たことも無い光景を目の当たりにしました。奇跡の連続やった。在日がこの日本で堂々と権利を勝ち取る瞬間を記憶させた史実。

そして、その大切な芽を何としても守ることから生まれたかけがえの無い仲間とその絆。裁判、大変やったけど私らは得た事の方が遥かに大きい。……って今は言える。本当に！　本心です！

だから、くじけないで、応援してます。心にいつも留めといてください。貴女がやった分だけ返ってくるでしょう。出来ない分は誰かに頼ってやり抜いて下さい。私もそうでしたから。

シネちゃん。身体を労わり、気持ちをしっかり持って、私達の言葉で、貴女の思う言葉で、正義を勝ち取って下さい。

終わったらゆっくり会いましょう、連絡下さい。

パク　チョンイムより

タクシーの中で、読みながら涙が止まらなかった。裁判に向かう前に化粧が全部とれちゃうじゃないか、と冗談を言いながら、ずっと泣いた。うれしかった。

民事裁判では第1回目は出席しなくてもいいということなので、桜井誠会長も、代理人も来なかった。私は原告の席に座って、ずっと空席になった被告側をみつめていた。私がこれから闘うのは、いったい誰と、何となんだろう。桜井誠氏？　在特会？　もちろんそうだ。けれどそれだけではなく、彼らの存在を容認し、在日や女性への差別を肯定して育てて来た社会、植民地支配の清算をずっと先送りにしてきた日本という国のありかたと闘うのかもしれないな、とも思った。見えないものを可視化させる、言葉にするのがライターの、そして私の仕事だ。

裁判、最後まで頑張ります。

在日の街と人と

オモニの人生

祖父母の来日

私が生まれる前に亡くなったので、父方も母方も、祖父母の顔は写真でしか見たことがない。そしてその人生も、亡くなったアボジ（父）やオモニ（母）の口から伝え聞いたものでしか知らない。祖父母がなぜ日本に来たのか、それは日本と朝鮮半島の歴史と切り離すことはできない。オモニの話を中心に、家族と、家族にまつわる在日の歴史をたどってみたい。

母方の祖母は、数えで16の年に日本にやって来た。先に日本に来ていた祖父に嫁ぐためだった。もちろん日本語もわからないまま、生野《いくの》の街にやって来たという。大正の半ばのことだった。

ちょうどその少し前の1910年、日韓併合が行われた。1923年に済州島《チェジュ》と大阪をつなぐ直行便「君が代丸」が就航し、それをきっかけに多くの朝鮮人が労働のために日本へと渡り、当時工業地化しつつあった猪飼野《いかいの》周辺に集まってきた。大阪に済州島出身者が多いのはこれも一因。また神戸には慶尚道《キョンサン》からの直行便があったため、慶尚道の出身者が多い。

母方は慶尚北道の出身で、私は母方の祖父がなぜこの日本、しかも大阪にやって来たのかすら知らない。ただ、多くの朝鮮人がそうだったように、職と夢を求めてこの大阪の地にやって来たんじゃないかと思う。生きるために、未来を創るために。

祖母はその後、山花玉子という名前を名乗るようになる。それは創氏改名が行われたためだ。創氏改名とは、日本が朝鮮の植民地支配を行い皇民化政策を進めていく一環として、朝鮮人から固有の姓を奪い日本式の名前に変えさせ、天皇家を宗家とする家父長制に組み入れようとした政策のことだ。

1939年11月、朝鮮民事令改正という形で創氏改名が公布され、翌年2月から施行。氏の創設と、朝鮮人が日本式に名を改める道を開くという二つの部分から構成されていた。氏の創設は、従来の朝鮮社会が男系血統とその血族団体を基本構成とし夫婦別姓であったのを改めて、戸主を中心とする「家」の観念を確立するもので、その際に日本式に名も改めるよう求められた。

なぜこの通名、「山花」だったのかと、オモニに聞いたことがあるが、オモニは「李（すもも）は山の花だからじゃないかな」と答えた。なんじゃそれ。本当なのかどうかはわからないけれど、創氏改名はそれほど自然に在日社会一般に浸透していったのだろうか。西洋風の名前が格好いい、現代にもあるそんな風潮みたいに、静かに――。

祖母が生野に来た時は、地域にさほど朝鮮人が多くない時代だったという。「朝鮮から可愛いお嫁さんが来た」、「すごくきれい」と界隈の評判になって、家までその姿を見に来る日本人もいたという。え、もしかしてそれって自慢……。

それから祖母は、必死で日本語を覚えた。生きるために、生活のために言葉を自分のものにすることはとても大切だ。そして、次々と生まれる子どもたちのために必死で働いた。土地勘もないまま電車に乗って遠くまで買い出しに行き、拙《つたな》い日本語で農家の人と交渉。汽車の中で見つからないように米を隠して持ち帰ってきて、それでマッコリをつくって売ったという。

庭で豚も育てた。鶏もたくさん飼い、そのおかげで戦時中でも比較的楽に卵が手に入る家だったという。「そういえば、特に食べ物には困らなかった」とオモニは話した。「朝鮮人の母親は、子どもを絶対に飢えさせないからね」と。そんなわけもないんだろうけど、それが母方の祖母のプライドだったんだろうなと思う。

一方アボジは、1928（昭和3）年に朝鮮半島で生まれた。民族名は鄭東泉《チョントンセン》、日本名は烏川《うかわ》龍男。東泉という名前を父が普段の生活で使うことは、死ぬまでなかった。

私が初めて一人で韓国に行った時に買ったトルリムチャの本によると、烏川鄭氏の何代目かに当たる男性は名前に「東」を付けることになっているので、やっぱりそのルーツはしっかりと名前にあったんだな、と確認できた。亡くなる前にそんな話ができたらよかったのに、と残念にも思った。

ちなみにトルリムチャとは、朝鮮半島の慣習で、親族間で何代目かをすぐ判別できるように、兄弟・いとこなどの同親等に統一した漢字1字をつけること。「トルリムチャ／回し字」または「行列字（ハンニョルチャ）」ともいう。陰陽五行説に基づくのが一般的で、自然界の5大要素「木・火・土・金・水」の順に、各要素が入った漢字を世代ごとに使用する。

また、烏川という名字はなぜなのかとずっと思っていたが、烏川鄭氏という本貫《ほんがん》（祖先の発祥の地名と姓を組み合わせたもの）があることを、これまたアボジの死後に知った。「うちは両班《ヤンバン》（朝鮮半島の貴族階級）の出だ」とアボジはよく話していたが、在日のほとんどがそう言うという笑い話もあるので、話半分で聞いていた。それにオモニが「両班はおならする時にいちいち片方のお尻をあげるん?」とか、「両班は何があっても動じないものやのに、阪神が負けたら機嫌が悪くなって、どこが両班や」とよく愚痴っていたので、まあ眉唾《まゆつば》だと思っていたのだけれど。自分の日本名に父祖のルーツが託されていたことを知って、私は胸が熱くなった。両班かどうかは定かではないが。

アボジは小学校の年を迎える前に、岡山県の牛窓《うしまど》に一家でやってきた。牛窓に親せきがいたので、そこを頼って移住したという。アボジは8人兄弟の長男だったが、私が物心つくときには弟しか残っていなかった。流行病や、いろいろあって亡くなったと聞いたが、詳細を聞けないまま、私が23歳の時にアボジは亡くなった。だからその頃の話は少ししか聞いたことがない。

ただ、学徒動員によって造船工場で働いたこと、戦時中は食事で苦労したという話は聞いた記憶がある。ジャガイモとトウモロコシは戦時中に嫌になるほど食べたので、一切口にしなかったし、トマトも食べるものがなく青いものをかじった記憶があるので、苦手なままだった。私は小さな頃、昼ごはんをよくアボジの工場の近所の中華料理店で食べたが、夏になって冷やし中華を選んだ時、添えられたトマトを食べるのは私の役目だった。同じ在日でも両親は全く違うものだな、と思ったものだ。

小学生の頃、家族から戦争体験を聞いてくるという宿題があったけれど、オモニの話には苦労話が少ないのであまり役に立たなかったことを覚えている。

オモニの父（私の祖父）は近くの工場に勤めていたらしい。そしてその後、自身の工場をもつことになる。そういえば、あんまりオモニからもアボジからも、祖父の話を聞いたことがなかった。

オモニは男1人女4人の5人兄弟の2女として、1930（昭和5）年に現在の生野区の大池橋で生まれ、育った。民族名を李福金《リボックム》といい、日本名は山花智恵子だった。

オモニにはすごく優しく頭のいい兄がいて、勉強もよく見てもらったそうだ。私の叔父さんにあたるその人は、学生時代に「朝鮮半島独立」に関するビラを持っていたかどで特高警察に連れて行かれた。大阪の特高警察は、今の大阪府庁の地下にあったとオモニは教えてくれた。祖母とオモニは一緒に何度も面会に行き、祖母は警察に「息子はそんな思想をもっていたわけじゃなく、友人のビラを預かっただけ」と何度も訴えたが、まったく取り合ってもらえなかった。ようやくそこを出た兄は、ぼろ雑巾のような姿になっていたという。そしてその後病に倒れ、短い生涯を閉じた。

オモニは、私が兄たちと喧嘩をするたびに、兄ではなく私をいさめた。「おかあちゃんは、私よりちい坊兄ちゃん（下の兄のあだな）のほうが可愛いんやろ」と責めると、困ったような顔をした。そして、「お母さんはおばあちゃんから、兄弟喧嘩をするたびにこんなことを言われたよ。親にとって子どもは、自分の指のようなもの。どの指を噛んでも痛いように、どの指がなくなっても困るように、子どもはどの子もひとしく可愛くて大切や」と言った。

私はこの言葉が朝鮮のことわざであることを大人になってから知った。祖母はどんな気持ちで失った息子のことを思ったのだろう。そしてオモニもまた同じように、大切な息子や娘と離れ離れになってしまう。自分が子どもをもつようになってから、この言葉をよく思い出すようになった。

オモニは女学校に進学したかったそうだが、兄の件があったためその話は立ち消えとなった。「勉強したかったけど、時代だから仕方がない。学校の先生になりたかったけどね」と話すオモニに、

「朝鮮人でも先生になれたの?」とは聞けなかった。

オモニは成績が優秀で担任からも可愛がられ、クラスの代表で戦地にいる兵隊さんに慰問の手紙も書いたという。兵隊さんへの手紙には、先生から「この子は朝鮮人ですがとても優秀です」との一言も添えられていたらしい。私はその話を聞くたびに、「朝鮮人ですが」の部分がすごく気になったのだが、オモニにとっては特に問題なかったようだ。そういう時代だったからなのか、よくわからない。

文通相手の兵隊さんはクラシック音楽を聞くのが趣味で、でもこの戦争ではそういうこともままならなくなったと、手紙で愚痴ったりもしていたそうだ。

オモニは字も上手だったので、美しい日本語、日本の文字を書く朝鮮の少女に、一目会いたいと書かれていることもあったそうだ。「昔の人って字で恋が芽生えることもあるんだよ」って。なんだそれ。どんどんモテ自慢になってきてるけど、それに似た話、祖母の時にもあったような。

ある日、前線に行くことになった直前にもその兵隊さんから手紙が届いた。特別に、クラシックのレコードを聴くことが許されたという。きっと生きては帰れないからだろう。けれども、いつか帰って来た時には、あなたと一緒にレコードが聴きたい、とも書かれていたという。その時聴いていた曲を君に捧げるとも書いてあったそうだが、遠い昔のことなのでその曲名をもうすっかり忘れたとオモニは笑った。何で一番大事なとこを忘れるんだ。

そしてその手紙のあと、兵隊さんからの手紙は二度と来なかった。しばらくして、兵隊さんの妹から便りが届いた。そこには「兄が戦死した」と書かれていた。いったい、その兵隊さんが一緒に聴きたかった曲は何だったんだろう、この話を思い出すたびにその曲名を想像する。

その後、アボジは終戦を迎えて岡山から大阪に引っ越すことになり、オモニは朝鮮半島の解放を迎えて活発になった民族運動のうねりの中に徐々に足を踏み入れることになる。父母が出会うのは、それから20年近くも先のことだ。私はまだ、影も形もない。

オモニの青春

終戦を迎え、オモニは学校を卒業してから、ちょうどその時に運動が高まりつつあった朝鮮学校の設立に参加した。日本の敗戦は、在日朝鮮人にとっては解放。「金のあるものは金で、力のあるものは力で、知恵のあるものは知恵で」を合い言葉に、在日朝鮮人の手によって日本国内に数多くの民族学校が生まれた。

この頃の在日朝鮮人の子どもたちは、日韓併合後の同化政策によって、名前はもちろん、朝鮮語も奪われていたため、自らの民族の言葉の読み書きが十分にできなかった。そのために日本各地で「国語講習会」が開催され、文字と言葉を知ったものが先生となり、在日朝鮮人の子どもたちに朝鮮語を教えた。教材は独自に作られ、国語講習会は在日本朝鮮人連盟（朝連）事務所や工場跡地、地元の小学校校舎などを借りて開かれた。その後、朝鮮人学校に改組され、学校は一時、全国で５５６校、生徒数は約6万人にのぼった。

オモニはそこで事務仕事のほか、先生もしたそうだ。学校の先生になりたかった夢が、ほんの少しかなったと話していた。

それからしばらくして、１９４８年に阪神教育闘争が起きる。これは阪神教育事件とも呼ばれ、４月14日から26日にかけて大阪府と兵庫県で巻き起こった民族教育闘争だ。

日本政府は、当初は民族学校を各種学校として認める方向に動き出した。が、47年10月、ＧＨＱは日本政府に対して、「在日朝鮮人を日本の教育基本法、学校教育法に従わせるよう」に指令した。翌48年１月24日、文部省学校局長は各都道府県知事に対して、「朝鮮人設立学校の取扱いについて」という通達を出し、朝鮮人学校の閉鎖と生徒の日本人学校への編入を指示。

これに対し１月27日、朝連は第13回中央委員会を開催し、朝鮮学校閉鎖令への反対を表明。さらに「三・一独立運動闘争記念日」に合わせて「民族教育を守る闘争」を全国で展開するよう訴えた。

２月、ＧＨＱは、朝鮮学校が文部省の通達に従わなければ、朝鮮学校の閉鎖、またはＧＨＱによる管理を示唆。３月になり文部省は閉鎖命令を出した。

当然のことながら多くの在日朝鮮人がこれに反発し、抵抗した。民族学校で初めて言葉を学び、朝鮮民族の歴史を学んだ人々が、再びそれを奪われることに抵抗するのは、ごく当たり前のことだ。しかし日本政府とＧＨＱは警官や軍隊を導入し、学校を守るべく立て籠《こ》もる先生や生徒、その親たちを暴力的に排除した。特に兵庫県と大阪府では激しい抵抗闘争が繰り広げられたという。

４月26日、朝連は大阪東成区や旭区などで「朝鮮人学校弾圧反対人民大会」を開催。在日朝鮮人１６００人のデモ隊が大阪府庁に向かうなどしたが、武装警官隊は消防車に放水をさせ、デモ隊に突入、拳銃を発砲して、16歳の少年が命を落とした。

オモニは、この日のことを昨日のことのようによく話した。「放水車に水をかけられても、私たちは引かなかった。教育を守りたい、それだけの気持ち。ずぶぬれになったまま、帰ったよ。同僚の先生や友達たちと寒いって顔を見合わせながら」と笑った。

阪神教育闘争から66年がたった今、日本政府は朝鮮学校に通う生徒を高校無償化から除外し、各地の都道府県は授業料支援など助成金の予算を凍結したままだ。

在特会は朝鮮学校へ押しかけ、ヘイトスピーチをまきちらした。朝鮮学校に通う子どもたちは、チョゴリさえも奪われた。民族教育を守るという当たり前で大切なことを、日本の政府や社会がずっと置き去りにしてきた結果が、今なんじゃないか、と思う。

私は朝鮮学校には通っていない。両親のなかで朝鮮学校に対してはさまざまな思いもあっただろう。教育内容についても、たとえば金日成の肖像画とか歴史認識などについて疑問に思う部分は確かにあった。ただ、オモニが大切に守った学校だったことには変わりはないし、言葉や文化、歴史を取り戻すための場所だったことは事実だ。

オモニはその頃、共に活動していた朝連のある青年に惹かれていった。名前は高《コ》英哲《ヨンチョル》。済州島出身の活動家で、「ヂンダレ」という在日の同人誌に、李述三という筆名で詩を投稿していた。

「歌がすごく上手で、ハルモニ（おばあさん）たちの前で故郷の歌を唄うとみんなが涙を流すぐらい。明るくて、とても優しい人だった。背がすごく高くてハンサムで、みんなのあこがれの男性だった」。おい、面食いなのは家系か。

ちなみにこの頃、オモニは別のある男性から「あなたが大好きだ、結婚したい。結婚できなければ死ぬ」と告白されたが、あっさり断ったそうだ。その瞬間、その男性は「本当に死んでやる」と言い残して、目の前で平野川に飛び込んだ。驚いたオモニは、そのままその場から逃げだした。「本当に死んだらどうしよう」と家で震えていたが、数日後に道端でその男性とすれ違ったそうだ。男性はオモニに気が付くと、ばつが悪そうにうつむいて走り去ったという。「何や、死んでへんやん」って、ほっとして笑ったって。このモテ自慢も、1万回ぐらい聞いた。

そして数え22歳のときに、高英哲氏とオモニは結婚することになる。「新郎側の主賓は朝連の幹部で、『新郎は朝連のこれからを担う輝かしい若者』と紹介するし、私のほうは両親が民団に近かったので『民団の組織で育まれた知性あふれる美しい女性』って。なんの張り合いかと思った」と。大学生になって映画『月はどっちに出ている』を観た時に、オモニの話と同じシーンが出てきて笑った。

クリスマスプレゼント

オモニの前の夫・高英哲《コヨンチョル》氏は、済州島の出身だった。おそらく「4・3事件」があったために大阪へと渡ってきたんだろうと思う。4・3事件とは、1948年4月3日、当時アメリカ軍政下にあった南朝鮮（現在の大韓民国）の済州島で起きた島民の蜂起に端を発する事件だ。韓国が建国される直前にアメリカ主導で進められていた南朝鮮の単独選挙に対し、これを南北分断につながるものとして抵抗した島民が警察署を襲撃、これをきっかけに、全島に住民弾圧が広がり、2万5千人〜3万人という島民が虐殺されたという。

日本の植民地時代には、済州島と大阪との間を結ぶ定期船「君が代丸」が就航していたため、多くの済州島出身者が大阪・生野区を中心に移住していた。また、この４・３事件の被害を免れるために日本へ渡航してきた人々も数多くいる。

オモニは高英哲氏と結婚してから３人の子どもを授かった。長男の文莙《ムンボ》、長女の文玲《ムンリョン》、そして後に日本に残ることになる次男。

オモニは、「(高英哲氏は) 活動家だったのでまったく働かなかった。アボジ (私の祖父) が、『妻と子を思えばちゃんと働け。活動は二の次にしろ』と言ったら『働くぐらいなら死ぬ』って。アボジも呆れてた。夫に死なれちゃ困るので、代わりに内職とか必死にがんばったわ。オモニ (私の祖母) が、アボジの目を盗んで差し入れをいっぱい持ってきたし」、「でも、アボジの誕生日になるとしっかり働いてプレゼントを渡すような、そんなところが憎めない人だった」と、苦労話を笑いながらしてくれた。

１９５０年、朝鮮戦争が勃発。米軍の軍需物資輸送の最前線基地となった日本でも、当時の在日の労働者や学生などがこれに反対して体を張って闘った。

朝鮮戦争2年目にあたる51年には、6月24日未明に「吹田事件」が起きた。日本からの軍需物資輸送を阻止するため、日本共産党が主導し、在日朝鮮人が中心となって吹田操車場に集まった。軍需列車を1時間遅らせれば同胞1千名の命が助かると言われ、学生、市民などがデモに参加した。

同年、12月16日には「親子爆弾事件」が大阪市で起きた。在日朝鮮人によって、工場などが襲撃されたとされる事件だ。高英哲氏は、「自分の同胞を殺す爆弾を作っていることは許せない」と、「祖国防衛隊」の最前線にいたという。

その数年後、この親子爆弾事件の首謀者として、日本の公安と韓国政府から、オモニの前夫は指名手配される。オモニは子どもたちを必死で育てながら、夫の帰りを待っていた。時々ふらりと帰って来ては、子どもを抱きあげ、そしてまたどこかへ行ってしまう。なんちゅう奴や。

ある日、オモニはある訪問を受ける。オモニは懐かしそうによくこの時のことを話した。

「大池橋のあの細い路地に、韓国政府の車が入ってきた。古いアパートの前に、立派なベンツが横付けで、オモニも韓国政府に呼び出しや。でも、韓国政府の人らは紳士的やったで。『夫の居場所、私のほうが知りたい』って言うたったわ」

そして、1959年のクリスマスの夜、真っ赤なバラ1輪とケーキをプレゼントにたずさえて帰って来た前夫・高英哲氏は、張り込みをしていた警察に逮捕された。次男は生後2カ月だった。

最後のラブレター

高英哲氏が逮捕されてから、日本の公安と韓国政府は、その対処に苦慮したらしい。

「日本にこのまま置いておいてはいけない、朝鮮総連の活動家の大物だ」

「だからと言って韓国に強制送還させては、韓国でも手に負えない。第一、総連や共和国の目もある」

そんなやり取りの末、両国政府が出した結論は、「共和国へ送ること」だったようだ。おりしもその頃、共和国への帰国事業が始まったばかりだった。

帰国事業とは、1950年代から1984年にかけて行われた、在日朝鮮人とその家族を日本から朝鮮民主主義人民共和国へ集団的に「永住帰国」させる事業のこと。

1959年12月14日に最初の帰国船が新潟県の新潟港から出航し、数度の中断をはさみながら84年まで続いた。「教育も医療も無料の社会主義祖国」、「地上の楽園」とのうたい文句を信じて、9万3千340人が共和国へと渡った。

高英哲氏は詩の創作を続けていたが、本当の夢は映画監督になることだったという。日本でこのまま暮らしていても、貧しい生活のなか、その夢はかなうわけもない。でも帰国すれば、ひょっとしたら映画監督になるという夢がかなうかもしれない。そして、祖国建設のために自分も役に立ちたい。植民地時代に日本へ渡った人々や、帰国を選んだ在日の多くもそうだったように、オモニの前夫も新しい夢や希望を抱いて共和国へと帰国することを選んだ。

南の済州島から来た人間が、北に帰国するのもおかしな話だが、帰国者の多くが南の出身だったと、映画監督のヤン　ヨンヒオンニからも聞いた。

「お前には苦労をかけた。親孝行すらしてないだろう。次男はまだ小さいので、長時間の船旅は無理だ。1年間日本で自分の分もお前のアボジとオモニに親孝行をしておいてくれ。自分は先に共和国に行って、お前が来るのを待っている。次男を連れて、あとから来てくれ」

高英哲氏はそう言いおいて、長男と長女を連れて一足先に共和国へ帰った。その後に兄姉から届く手紙の住所はずっと平壌だったから、在日出身者としては特別な待遇だったのではないかなと思う。

けれど、帰国して3カ月も経たないうちに、英哲氏から1通の手紙が届いた。その手紙には「今すぐ共和国に来い。来なければ離婚だ」とだけあった。オモニは胸騒ぎがして、すぐにでも追いかけて帰国しようとしたが、ハルモニ（祖母）の反対にあった。

ハルモニは「下の子はまだ小さいし、今すぐに船旅なんか無理だ。私はきっともうすぐ死ぬ。共和国に行ったら、なかなかすぐに戻ってては来れないだろう。英哲が共和国でどんな事情があってこんな手紙をよこしたのかは知らないが、私が死んでから共和国へ行ってくれ。せめて最初の約束通り、1年は日本にいてくれ」と、泣いてオモニにすがった。

オモニは毎日教会に通いながら祈ったという。早く夫とわが子に会えますようにと。次男を必死で育てながら、途方に暮れる毎日を過ごしたオモニの元に、しかし周りからは不審な話が聞こえてくるようになる。

「共和国に帰った人から手紙が来たが、どうやらだまされたようだ」、「共和国に帰国するのはやめておいたほうがいい」そんな話を耳にするたび、祖父母がオモニの帰国を止める。そして相次いで祖父母が亡くなった。

共和国に帰国するタイミングを完全に逸したオモニは、それから次男とともに日本で暮らしていく決意をする。そしてその後、救いを求めるように創価学会に改宗し、私のアボジと出会うことになる。

オモニは話す。

「英哲さんは、なんであんな手紙を出したんだろうね。今すぐに共和国に来いなんて、無理なのに。もしかしたら、文学者で詩人だった英哲さんの、あれが精いっぱいのメッセージだったのかもしれないね」

「今すぐに来い」は、「絶対に来るな」

「ロマンティックな人だったから、最後のラブレターだったのかもしれないね」

私が高校生だったある夜、オモニが言った。

「夢にあの人（英哲さん）が出てきて、さよならって言った。別れたあの日のままの姿で。きっと、死んだと思う」

それからしばらくして、共和国にいるいとこから手紙が届いた。「英哲さんが、昨日亡くなりました」消印はオモニが夢を見たと話した翌日だった。

創価学会と在日朝鮮人

幼い次男を抱えて必死に生きていたオモニは、ある日、地域で活動していた創価学会員と出会う。それまでクリスチャンだったオモニは、夫の帰国後に神に祈りながら、なぜ自分は救われないのかといつも嘆いていたという。そして総連や共産党に対しても不信感が芽生えていた。

そんな時に、「祈りによって自分も生活も変わる」、「現世で利益がある」、「この御本尊様に祈ってかなわない願いはない」という話を聞いて心が惹かれたという。オモニはすぐに創価学会の会合に参加するようになった。

在日朝鮮人の創価学会員は多い。こんな話をすると、また「日本を乗っ取ろうとする創価はやはり在日ばかり」とか「池田大作は在日」みたいな噂をする人もいるが、そんなばかばかしい話はさておき、創価学会の初期は、「貧乏人と病人しかいない」と揶揄《やゆ》されるような組織だった。その一方で、福祉や教育に力を注ぎ、庶民の味方であると強く打ち出していたことは、社会の底辺にいた貧しい人々にとってどんなに魅力的だったろうと想像する。

また、在日コリアンは総連や民団に属している人たちがまだ多かったものの、日本社会の地域のコミュニティからは疎外されたままだった。創価学会に入れば、人間は平等で、同じ社会の仲間であると実感できただろう。宗教を介して新しい家族のようなものを手に入れたかった人も多かったろうと思う。

さらに、創価学会は日本社会の行政のシステムがわからない、うまく利用できない社会的弱者へのさまざまなサポートも行ってきた。その弱者の中には、当然在日も含まれる。

そしてオモニは創価学会の活動に熱心に参加するなかで、ある学会員から「東大阪に奥さんに先立たれた方でとてもいい方がいる。同じ在日だし、一度会ってみないか」と紹介を受けた。いわゆるお見合いだが、オモニは当初、あまり乗り気ではなかったという。でも紹介者があまりにも熱心にその話を何度もするので、「一度会うだけ会ってみよう、そしたら紹介者の顔も立つ」と思うようになった。

場所は今里の河豚《ふぐ》屋さん。そのお見合い相手が私のアボジ・鄭東泉《チョントンセン》だった。当時アボジは大きな工場を構えて、そこそこ裕福だったらしい。

アボジの前の奥さんは、16歳でアボジと結婚し、兄と姉の2人の子どもを残して20代の若さで白血病で亡くなった。アボジは8人兄弟だが、自分と弟の2人しか兄弟が残らなかった。ハルモニとアボジもまた、救いを求めるように創価学会に入信していた。

お見合いの席にはアボジとともにハルモニも同席したそうだが、ハルモニがオモニに一目ぼれしたという。「息子の嫁になってうちの家に来てほしい。苦労はさせない。あなたの息子もしっかり私が責任をもって面倒をみる」紹介者にも、オモニを説得するように頼み込んだそうだ。

そしてアボジは、お見合いの翌日から、仕事が終わったら毎日花やプレゼント、おもちゃを持ってバイクを飛ばしてオモニのアパートを訪れた。アボジもオモニに一目ぼれしたと、昔話していた。それにしても情熱的だ。

下の兄（高英哲との次男）は「中学までずっと本当の父親だと思ってた。けど、すごく小さい時にどこか違う狭い家におかんと2人で住んでいて、おもちゃやお菓子を毎日持ってくる優しいおじさんがいたって記憶があった。ある日突然現れた時は、どこのおっさんかと思ったけど。でも優しかった。あれは誰やってんやろう？　って思い出すこともあった。あれは親父やったって、実の父親じゃないと知ってから気がついた」と、アボジが亡くなる直前に話していた。

上の兄（鄭東泉の長男）は「仕事が終わったら親父が着替えていなくなる。めかしこんでどこに行くんかと毎日不思議やった。しばらくしたら、新しい母親ができると聞いた。それがお母ちゃんやった」「バイクの音が聞こえると、おかんが嬉しそうな顔になる。なんかちょっと腹が立ったのも覚えてる」と下の兄は笑った。

オモニからは、「苦労はさせないと言いながら、工場が倒産するわ、お父さんが結核で倒れるわ、苦労しっぱなし。でも、優しくてまじめで働き者で、子煩悩《ぼんのう》で。とても愛されて幸せだったと思う」

と聞いた。

再婚後5年が過ぎて、アボジは信頼していた創価学会員で友人の日本人の男性から、手形の裏書きを頼まれた。同じような工場を経営し、資金繰りに悩んだ挙句の申し出だったが、学会員同士の金銭的な貸し借りは絶対に禁止とされていた。まして、昭和40年代に1千万は大金で、飛ばされたら一巻の終わりだ。

悩んだアボジはオモニに相談する。「書いてあげ、友人なんでしょう。最初からそのつもりやねんやろうから。大丈夫」

その直後に、友人は自殺した。その手形がもとで、アボジの工場も倒産した。もともと体が弱かったアボジは、結核を患って倒れた。アボジのほうの兄と姉は、「このまま大阪にいてもアボジの尻ぬぐいで一生が終わる」という親類の話を鵜呑みにして、家を出た。

オモニはそれでも信心があるから、大丈夫、何とかやっていける、と思ってふんばったそうだ。倒産した工場を整理し、親戚に頭を下げて借金し、新しい工場を立ち上げるために必死で働いた。

そんなある日、オモニはしばらく月のものが来ていないことに気がつく。再婚後、アボジはとても子どもを欲しがっていたが、5年が過ぎても授からずにあきらめていた。その矢先の倒産だったため、「ストレスと年齢のせいで、もう止まったんだと思った。けれど、どうも様子がおかしいので病院に行った。そうしたらあんたを授かってた。びっくりした」

それからしばらくして、45歳になったアボジと、42歳になったオモニのもとに、私が生まれることになる。「信心して恵まれたから信恵」。私の名前はここから名付けられた。

記憶の断章

一番古い記憶

私の一番古い記憶は、オモニの手に引かれて通った、近くの銭湯に続く暗い路地の場面だ。季節はたぶん冬で、自分の吐く息がアボジの吸うハイライトのようだなと思っていた。夜になると人通りもまばらで、静かな闇が続いていた。オモニの手は温かく優しかったけれど、強く握らなければ離れそうな気もした。「捨てられる!」と思ったわけではない。たぶん。

人の記憶はあてにならなくて、この思い出ももしかしたら自分で大人になってからつくりだした幻かもしれない。けれどなぜだろう、最近でもよくこの路地を歩く場面を思い出す。迷子にならないように、置いていかれないように手をぎゅっと握った時のような不安な気持ち。

私の実家の家業は、東大阪市ではよくある小さな工場で、ネジなどを作っていた。アボジは油にまみれた黒い手で、ハイライトを吸っていた。小さい時から何でも作ってくれ、工作も手伝ってくれたアボジ。0・01ミリの誤差もなく小さな部品を作り出す手は、魔法の手のようだった。

工場自体は下請けの下請けで、まあ早く言えば孫請け。昭和の頃、円高になる前はそこそこ儲かっていたらしいが、手形を裏書きした知人が自殺して膨大な借金をかぶったりしたため、私が生まれる頃には適当に貧乏になっていた。社長令嬢になるには少し時代が遅かった。ちぇっ。

朝から晩まで両親は油にまみれていたけれど、周りも同じようなものだったので、それが普通だと思っていた。隣のおばあちゃんは夏になると家の前に小さな椅子を出し、そこに腰かけてうちわ片手に涼んでいた。伸びきった白いランニングシャツ、たぶんおじいちゃんのものからは、垂れた乳が透けて映っていた。銭湯でたまに会うと、そのおばあちゃんはマミーを買ってくれた。みかん水やラムネがよかったけど、小さい頃なのでマミーを飲み干すのもやっとだった。今では実家の周りもすっかり変わってしまい、銭湯もとっくの昔になくなった。

私が23の時にアボジが亡くなってからは、工場も廃業し、工場はJRの新しい路線ができたために立ち退きになった。路地ですらなくなった。

いろんなものが変わっていくし、今では忘れてしまっていることも多い。けれど、ふとした瞬間に、すごく大切なものをあの路地に忘れてきたんじゃないかなと思うことがある。そしてネットの空間はあの路地に似ているとも、時々思う。

写真とオモニ

実家には写真がたくさんあって、まだ新婚当時の両親が近くの公園で撮った写真もある。オモニは美智子さんのような髪形をしていて、アボジは相変わらずいかつい顔だ。いかつい顔で、こんな近場

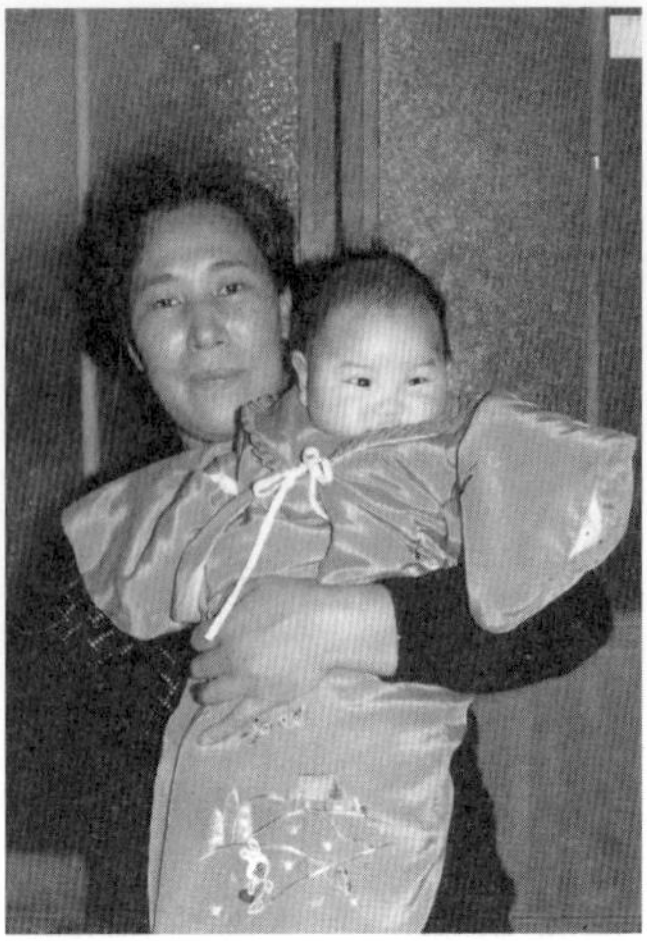

オモニと私（生後100日）

で撮っているにもかかわらず、モデルのように格好をつけたり、アホなポーズでふざけたりする両親は、わが親ながらほほえましい。40を過ぎてから私をつくっただけのことはあるなあと、いつも思う。白黒の写真には「昭和38年」と刻まれている。

再婚後しばらくして工場が倒産、そしてアボジが結核で倒れ、私が生まれた時からずっと口では言えない苦労をしてきたと語るオモニ。オモニの「口では言えない苦労」は、話し出したら1時間以上は止まらない。

中学生になった時に、自分は両親が40歳を過ぎてから生まれたと言うと、クラスの男子に「結核っていうのは栄養をつけなアカン病気や。そして安静にして寝たきり。だから栄養が全部下半身に行ったんちゃうか」とからかわれた。

そして私は、４０５０グラムというとんでもない体重で生まれることになる。なおかつ、この年代では珍しく、産婆さんの手によって私は生まれている。

たまたまオモニと縁のあった近所に住む産婆さんがある日、オモニに話しかけてきたそうだ。オモニは再婚してからしばらく子どもができなかったので、もうアボジとの間では子どもをあきらめていたという。その時も妊娠していることはまだわからなかったのだが、

「もう廃業するが、最後にあなたの子どもは取り上げてあげるからね」

とその産婆さんは言った。

私を生み終えたオモニに、産婆さんは微笑みながら、「あなたは大陸的な人ですね」と言ったそうだ。大陸はすべてを包み込み、すべての命を育てるところ。私もいつか、大陸的な人になりたい。

夏休みとハギハッキョ

自分の誕生日や夏休みがあるから、というわけでもないけれど、私は夏が来るとうれしい。なぜか甘いもの、ケーキやあんこが大嫌いで、その代わりに生の野菜と果物をおやつ代わりに食べていた。キュウリや人参に塩をかけ、バリバリとかじる私を見てオモニは、

「この子の前世はキリギリスや」と思ったそうだ。

キュウリ＝河童じゃないのは、やっぱり朝鮮人だからか。……たぶん違う。

特にスイカには目がなく、放っておいたらお腹を壊すまで食べ続けていた。お腹が痛くなって、もうスイカを見たくないと思う頃に夏が終わり、スイカがそろそろ食べたいな、と思う頃に夏が来る。また、誕生日にはケーキの代わりにスイカで事が足りるなど、とても経済的な子どもだった。

夏休みが始まってしばらくすると、となりの小学校に私は通った。そこでは夏の間だけ、在日の子どものためのハギハッキョ（夏期学校）が開かれた。歌や記号のような文字を習い、きれいなセットンチョゴリ（袖の部分がカラフルに彩られたチョゴリ）を着せてもらって、夏の間だけは立派な「朝鮮の子ども」になることができた。

終戦記念日には、朝から楽しみにしていた夏休み子どもアニメ劇場はなく、正午には高校球児が黙とうをささげ、チャンネルを変えても変えても、うなだれて玉音放送を聞く人々の白黒の画面が続く。お決まりの光景だ。

それなのに、その日の夜、両親と私たちはごちそうを前にしている。ハギハッキョの修了式のその夜は、たいていが15日。私たちにとっては解放記念日で、ハルモニたちは朝鮮の歌を唄いながら踊り、ハラボジ（おじいさん）たちはお酒を飲みながら煙草をふかしている。みんな、笑っている。

私は昼間のテレビを思い出し、不思議な気分になっていた。

「不謹慎って言うんだろうか、こういうのは。なんで、みんな笑っているんだろう、いいことでもあったのかな。大人はハギハッキョの修了式が、そんなにうれしいのかな？」

などと思いながらも、とりあえずそんなことよりも目の前にあるスイカのほうが大切で、ひたすらかじり続けていたのだった。

最後の授業

私は、数学ができない。自慢じゃないが、算数の時点でつまずいた。一応、九九はすべて言えるが、2桁の足し算になると暗算は無理。買い物に行く時は、お金を多めに持って行って、スーパーならかごが満タンで約3000円と見積もって買い物。計算できないので、カードは持たない。その代わりと言ってはなんだけど、人間はうまくできていて、ずっと「国語」は得意だった。美術もね。

小学校6年生の時に、国語の教科書に「最後の授業」という作品が載っていた。第1次世界大戦中のフランスはアルザス・ロレーヌ地方。ドイツによって占領されようとするある日、明日からはフランス語が使えなくなるという、その「最後の授業」が終わって、先生はただ黒板に一言書き残して去っていく。

「フランス万歳」

その国語の授業中、担任の教師が私の様子をじっと窺っていたのが気になった。どういう反応をするのか見たいんだろうなと思った。それがわかる程度にはませていて、嫌な子どもだった。そして、自分にとっての「国語」は、日本語ではないのかなと思ったら、なんだか少しさみしい気持ちになったことを覚えている。

ちなみにこの作品は、フランスのドーデによって書かれた「月曜物語」という短篇集のなかの1篇。明治時代に日本でも紹介されて以来、つい最近まで多くの読者に親しまれてきた。

また教科書教材としての支持も高く、とりわけ国語教科書として広範に採用されてきた。1971年以降の小学生の約6割が、この物語を読んだらしい。

だが、1986年を限りとして、この作品は一斉にすべての教科書から姿を消すことになる。私が自分の国、ルーツについて考えるきっかけとなったこの物語は、日本のアジア侵略のさなかに「国語愛」の高揚のための格好の教材として用いられたのだそうだ。その政策のなかには当然、日本が朝鮮から朝鮮語を奪おうとしたことも含まれる。

世の中には知らずにいたほうがよかったことも多いなと、大学の卒論を書く最中にこの事実を知って思った。けれど、知ってからどうするのかが本当は問題だということに、最近になってあらためて気がついた。自分が親になってからも、教科書を取り巻く問題は続いている。生まれ育った東大阪市では、育鵬社の公民の教科書が採用された。この教科書は、侵略戦争を美化・正当化し、憲法改悪に導くという指摘のあるものだ。

大学生の時は、いつか自分の心から「最後の授業」が姿を消すのだろうかと思っていた。けれど、この物語は意味を変えて自分の心にずっと残っている。教科書に書かれたことは、子どものこれからの生きかたを変えることだってある。教育の大切さ、効果を、権力者というものは熟知しているんだなと思う。そして、もしかしたら時代は、私が小学生の時よりももっと悪いほうへと、逆行しているのかもしれない。

「最後の授業」をさせちゃいけない、と思う。

本当の名前

私には、かつて違う名前があった。と言っても、私が犯罪者とかスパイで、偽名を使って警察や他人を欺《あざむ》いていたわけではもちろんない。中学2年生までは、日本式の名前だった。中学校に入って「ムグンファの会」という民族学級で、民族的なものにさらに触れるようになっていた私は、思うところがあって朝鮮の名前を使うことにしようと、ある日決めた。

両親は特に反対も賛成もせずに見守っていたが、名前はアボジの「鄭」ではなく、オモニの「李」

を勧められたような気がする。本来なら子どもは父親の姓を名乗るものだが、なぜだったのだろう。当時は何のこだわりもなく母親の名字を名乗ることになった。鄭より李のほうが書きやすいからいいやとか思っていたが、その理由はアボジの死後になんとなくわかった。

アボジは朝鮮籍で、オモニは韓国籍だった。この籍は行政上の区分であるだけで、籍は変えずとも結婚はできたはずだ。アボジは死ぬまで朝鮮籍を変えなかったし、それがなぜなのか今となってはわからない。アボジが亡くなって、相続の関係で入国管理局に相談に行った時、「あなたは法律上の娘には当たらない」と言われてひどく傷ついた。

そして、自分が結婚して海外旅行に行く際に、戸籍が韓国になく、またオモニもそうだったため、大変困った。何とか一から韓国でつくりなおした際も、戸籍上のアボジの名前は空欄だった。たかが紙切れ1枚のこと、だけどその紙切れに書かれたことで人は心を打たれたり、永遠の愛を誓ったり、借金を背負わされたり（おい）もする。そんな紙切れ1枚の制度に、とことんこだわりたいなあと思う。

ずっと、せっかくの朝鮮人の血がもったいない、というような思いが私にはあった。私は何者だろう、朝鮮の名前を使えばそれがわかるかもしれないと思っていた。

その当時は「本名宣言」が流行っていた時代。流行っていたというのもおかしな言いかただが、そんな背景もあった。クラスには在日が一人か二人はいた。学年には10人以上いただろうか。民族学級に参加していたのは5名ほど。

クラスみんなの前で、今日から民族名を使うと告げると、多くのクラスメイトが泣いた。どうやら感動しているようで、私はその様子をなぜか淡々と見ていた。「朝鮮人として生きていくことで差別を受けるかもしれないクラスメイト。それでも本名を名乗って立派だ」そんなふうに思ったんだろうか。私は、演じたくないドラマを演じさせられているようで居心地が悪かった。「感動をありがとう」なんてごめんだと思っていた。けれど、気がつくと自分も泣いていた。でもそれは、自分がこれからどうなってしまうのかという不安の涙だったと思う。

そして担任が、「李信恵さんは今日から本当の名前を名乗っていく」というような話をした。すると、今まで日本名で生きて来た自分の14年が嘘になってしまうような気がして、ひどく戸惑った。「本当の名前」ってなんだろうとぼんやり考えていたら、涙はいつの間にか止まっていた。

大人になったら時代は変わると思っていたけれど、在特会らが「通名廃止」などと叫ぶ今となっては、「本名宣言」というものはいったい何だったのかと思う。民族名も日本名もどちらも自分の名前であり、どれを選ぶのか、両方使うのか、いずれも本人の自由であってほしい。在日にとっての自分の名前、その意味をもっとちゃんと伝えていきたい。

FREEDOM FOR FINGERS

高校生の時、指紋押捺の拒否をした。中学生の時、オモニの外国人登録の切り替えについて行った市役所で、チョゴリ姿のハルモニから、「登録しに来たの？　指紋は押したらあかんで」と言われ、思わず「はい」と答えてしまったことがあった。その約束を守るというと大げさだけど、押したくないという気持ちが強かったのでそれに従った。

当時は民族団体である総連の下部組織で、在日の高校生を対象にした「学生会」に出入りしていたこともあって、アボジは、「総連になんかに出入りするから、そそのかされたのでは」と言うし、学生会の担当者には「組織に迷惑がかかるから勝手なことをしないで。私やったら指紋ぐらい何ぼでも押すわ」と突き放された。高校の倫理の先生に相談すると、「悪法もまた法だから」と、当時の私には何の役にも立たない、どうでもいい回答しか得られなかった。

まあ、大人なんてこんなものだし、一人で決めるほうがいいと思った。失敗してもあきらめがつきやすいし、私は「民族の誇り」とかもっていなかったから、ずっと気楽だった。中学生の時からそういう言葉をバカにしてもいた。指紋を押さないことが自分の誇りになるのかはわからないけど、一人でできる何かをやってみたかった。

届いたはがきを持って市役所に一人で行き、登録に来たと告げると、書類を渡された。名前と住所を書いて、そしてドキドキしながら、

「指紋を押したくない」

と告げた。別室に連れていかれたら……、警察が来たらどうしようと心配したが、

「わかりました」

と、あっさり終わった。なんじゃそれ。心配して損したと、拍子抜けしたことを覚えている。

その後、東大阪市役所に対し、警察が指紋押捺拒否者の名簿を出すように請求したことがあった。市役所側がそれを拒否したため、強制捜査が入った。危うく犯罪者になりそうで、どうなることかと

成り行きを見守ったが、特に何も起こらなかった。

1993年に外国人登録法が改正され、在日朝鮮人の指紋押捺は原則的に廃止された。私は生まれてから一度も指紋を押していないことになる。……はずだったが、実は高校生の時、バイクに乗ったりライブに行ったり夜遊びしたりといろいろあって、警察に何度か補導された。その時に、十指全部の指紋を取られていたのであった。

アボジは「何のための指紋押捺拒否やったんや！」とあきれていた。ははは。

その後、40代になってからカウンターを通じて知り合った生野聖公会センターの呉光現《オグァンヒョン》オッパから、あるキーホルダーをもらった。

「僕ら、こんな運動をしててんよ」

そのキーホルダーには、「FREEDOM FOR FINGERS」と書かれていた。高校生の時の指紋押捺拒否、本当は一人じゃなかったと思ったら、胸が熱くなった。

康好兄ちゃん

2011年5月のある土曜日の夕方、大阪のいとこのK兄ちゃんから電話があった。私の一番上の兄、康好兄ちゃん（鄭東泉アボジの長男）と連絡がとれないから、マンションに来たと連絡があった。留守だったと。

日曜日の昼過ぎに、再度K兄ちゃんから電話があり「今日も来たけど、2日連続で留守は今までなかったから。すぐに来てくれ」と言われた。管理会社に連絡して、部屋の鍵を開けてもらった。K兄ちゃんが中に入ったら、兄が倒れていたようだった。私が入ろうとしたら、K兄ちゃんが、

「あかん」

と言った。一歩進んで部屋に入ったその瞬間、失神した。その後、警察や救急車が来て、兄は運ばれた。


GWの前、兄から「テレビが壊れたから、買ってほしい」と頼まれた。「いいよ。でも忙しいから、ちょっと待ってね」と言ったその少しあとに、オモニのもとに「もういらなくなったから、信恵に言っといて」と早朝に電話があったという。だから結局兄のところへは行かずじまいだった。

私がもし一人で行って倒れているのを見たらって、変な予感がしたのだろうか。康好兄ちゃんは私にすんごく優しかったから。

「もっとましな生活をして、格好いい姿じゃないと合わす顔がないから」と言うので、その年も康好兄ちゃんの代わりに鶴見のいとこの家の法事に行った。

「来年は一緒に行こうね」って話したのに。

今でも兄がいなくなった実感がわかない。あれ以来鍵やドアを開けるのが怖くなって、帰宅直後は自宅の玄関のドアを開けて失神するぐらいだった。一人でいるときはずっとドアを開け放していた。

いなくなる前に虫の知らせのようなものはなかったが、よく考えてみれば東京に事務所を出そうと急いだ時から、ずっと同じ夢を見ていた。部屋の中で男性が倒れている夢だ。

事務所を出すことなどがきっかけで、鶴見のいとこととも縁ができた。絶縁状態だったK兄ちゃんとも同じ時期に連絡を取り合った。私が兄の最後の準備をさせられたみたいだ。

きっと、兄はしょっちゅう酔っぱらっていたから、自分が死んだことにも気づいていないんだろうな。アボジに「いい年してなんだ」って怒られればいい。

腹違いのきょうだいだったので、一番上の康好兄ちゃんはアボジと同じ朝鮮籍だった。19も歳が離れていた兄。朝鮮人だということが嫌だといつも言っていた。それなのに、私の大学の入学式や成人式のチョゴリは兄がつくってくれた。いつか韓国籍に変えたい、韓国に一緒に行こうとも話していた。兄はずっと東京に住んでいたから、たまに大阪に帰って来た時は会うと恥ずかしかった。けど、帰る時はすごく寂しかった。

初めて東京に連れていってくれたのも兄だ。東京で何がしたいかと聞かれ、

「美術館に行きたい」と言ったら、

「変な奴だ、普通の女の子は原宿だ!」と言われたけど、一緒にいっぱい美術館に行った。

私が結婚する時、貧乏だしもったいないから式はしないと言うと、

「お金は出すから絶対にしろ、写真だけでも見たいから撮れ」って言ってくれた。

子どもが生まれたら、

「アボジの代わり」と、いっぱい息子のために買ってくれた。

けれど大阪に戻ってきてからは、いろいろあって喧嘩ばかりしていた。兄は若い頃に片目を失明していたけれど、障害者と呼ばれるのが嫌で障害者手帳をつくらなかった。年齢を重ねて体を壊し、視

力も低下して仕事ができなくなったので、私は西成に通ってずっと援助していた。もう一度格好よかったお兄ちゃんに戻ってほしくて、マンションを借りて家財道具もそろえた。このままでは共倒れになってしまうからと、生活保護を申請した。なんとか立ち直ってほしかったけれど、結局はこうやっていなくなってしまった。

K兄ちゃんが、

「兄ちゃんは、この部屋でいつも信恵の悪口を言ってた。『女なのに気がきつい、口が悪い、妹の癖にえらそう』って。でも、男同士で話題もないから、結局は兄ちゃんが一人で信恵の話ばっかりしてた」って。

苦労はいっぱいさせられたけど、いなくなるよりずっとよかったのに。最後の最後まで世話をかける。可愛い妹に葬式の用意をさせたり、こんなに悲しい思いをさせたりするなんてひどい兄ちゃんだ。ほかにも腹が立つことがいっぱいあったのに、良いことしかだんだん思い出せないようになった。本当にずるい。

それでも、私は今でもお兄ちゃんが大好きだ。

「イルム裁判」 当たり前に本名が名乗れる社会を求めて

２０１３年1月30日、大阪地裁である判決が言い渡された。職場で本名（民族名）でなく、通名の使用を強制されたとして、兵庫県尼崎市の在日コリアン二世・金稔万《キムインマン》さん（52）が、勤務先の建設業者や元請けのゼネコンなどに１００万円の損害賠償を求めた訴訟の判決だった。

この裁判は「イルム裁判」と呼ばれていた。「イルム」とは朝鮮語で「名前」のこと。在日コリアンが、当たり前に本名が名乗れる社会を求めて起こした裁判だ。

私が初めて金稔万オッパと出会ったのは、２０１１年の8月に大阪淡路教会で行われた「金稔万さん本名（民族名）損害賠償裁判を支援する会」に参加した時のこと。その際には、「本名（民族名）を名のる意味」と題して、詩人の丁章《チャンジョン》オッパと、積水ハウス本名裁判の原告だった徐文平《ソムンピョン》オッパ※がこの裁判について語っていた。

金稔万オッパはドキュメンタリー映像作家でもあり、共通の知人も多かった。自分の亡くなった兄と共通する部分も多く、この裁判もできる限り支援したいと思っていた。

どのような判決になるのか未知数だったが、前日までに朝日新聞、毎日新聞、神戸新聞などで大きく取り上げられており、若干の期待はあった。しかし、久留島群一裁判長は、「通名の強制はなかった」として請求を棄却した。裁判長は判決理由について「当日から就労したいという原告の希望を実現するため、業者が通名利用を持ちかけ、原告が了解した」と判断した。

その直後に開かれた記者会見の間、金稔万オッパは故・崔昌華《チョエチャンホア》※※牧師の『名前と人権』（酒井書店、１９７９年）という本をずっと握っていた。「残念な結果。通名使用の了解はあり得ない」と述べたあと、長い沈黙が続いた。そんな場面は記者会見中に2度あった。

崔昌華牧師は、偶然だが金稔万オッパのアボジと同年だったという。しかし、オッパのアボジは「日本では通名を名乗るのが当然」として、この裁判に反対していたそうだ。金稔万オッパは、「名前をめぐっては家族でも思いが変わる」と、この問題の難しさに触れていた。

しかしそのアボジは、自分の墓石に本名を刻んでいるそうだ。「在日は、死ななければ本名を名乗れないのか。生きている間に本名を使える社会に」、「次の世代にもつながっていかなければ」。金稔万オッパは声を振り絞った。まるで叫び声のようだった。

今回の裁判では被告となった業者の社長もまた、在日コリアン二世である。差別の構造に組み込まれ、在日同士が争わされることも悲しく、私たちに複雑な心境をもたらした。この事件は、在日コリアンが本名を名乗ることの難しさだけでなく、日本社会が抱える労働や経済などのさまざまな問題も重ねてあぶり出した。

通名を名乗らされること、強いられることについて、「こんな話はよく聞く話」だと、記者会見で稔万オッパは話していた。けれども、こういったよくある差別の話について、日本人をはじめ多くの人は知らない。もちろん、本国の韓国人だってそうだ。訴えるということは、見えない差別を可視化することでもある。

創氏改名という植民地時代の悲しい歴史をいまだに在日コリアンは抱えている。在日コリアンを知ることは、日本の社会を知ることにもつながるだろう。本名を名乗ることの意味について「普通の在日」が振り絞った声を聞いてほしい、そう思いながら記事を書いたりもした。

一方、この判決では金稔万オッパが特別永住者で、外国人就業届の提出義務がないのに、元請けの社員が下請け業者に提出を要求したと認定。「原告が通名を使用する契機となったことは否定しがたい」と指摘した。

弁護団は「被告の言い分に乗り、証拠の評価が不当でずさんな判決」と批判、控訴した。

5月23日には大阪高裁で控訴審の第1回、7月25日には第2回の口頭弁論が開かれた。

そして11月26日、大阪高裁で控訴審判決が言い渡された。林圭介裁判長は1審の大阪地裁判決を支持し、稔万オッパの控訴を棄却した。

想像しなかった結果に、怒りをあらわにする支援者もみられた。ただ1審判決では、「通名」の強制自体を否定していたが、控訴審では「不必要な通名使用を強いて、原告のアイデンティティを侵害した」として、建設会社による通名の強制は認めた。しかし、「アイデンティティを侵害する〝悪意〟はなかった」とし、違法行為には当たらないとの判断を下したのだった。

稔万オッパは判決後の会見で目を真っ赤にしながら、「言葉にならない。悔しい」、そして一呼吸置いてから「疲れた、少し休みたい」とつぶやいた。稔万オッパの涙を見るのは1審に続き2度目となった。

私はふと「同化もまた差別である」という話を思い出した。日本では同化は美徳とされる。一緒であることや同じであることが重要であり、「郷に入りては郷に従え」というのが日本社会だ。雇用主が在日ならそれはなおさらで、通名使用という同化が美徳で方便だと思うのも当然と言えば当然なのかもしれない。そこをどう理解してもらい、崩していくことができるのだろうか。それは日本社会そのものの意識を変えるようなものであり、その壁は高く厚い。

＊

最高裁は、稔万オッパの上告に対し14年10月15日付で「上告不受理決定」を送達した。本名について闘うことは、日本の過去、植民地支配と闘うことだと思っている。闘いは形を変え、今後も日常の中で続いていくだろう。金稔万オッパの思いを引き継いで、民族名と日本名（通名）についてこれからも深く考えていきたい。

※2006年7月、大手住宅メーカーの積水ハウスに勤務する在日韓国人の徐文平氏が、「差別発言で傷つけられた」として、大阪府内の顧客に300万円の慰謝料と謝罪広告の掲載を求め大阪地裁に提訴した。積水ハウスは「雇用管理や社会的責任の観点から支援していく」として、訴訟費用の負担や、裁判に出席する間を勤務時間と認める措置を取った。

※※崔昌華氏は1930年、朝鮮平安北道生まれ。在日韓国人の牧師で人権活動家。1950年にNHKを相手に「名前民族読み訴訟」を起こし、63年に最高裁で敗訴となったが、氏名の原音読みに多大な影響を与えた。また、外国人登録時の指紋押捺拒否運動などで、在日コリアンの人権向上のために尽くした。95年没。

『愛しきソナ』とヤン ヨンヒオンニ

東京では2011年4月23日から公開された映画『愛しきソナ』。公開前からツイッター上でもこの映画が話題となっていた。この映画は、在日コリアン二世で映像作家のヤン ヨンヒ監督の第2作目で、前作の『ディア・ピョンヤン』も観ている私は、この作品もとても気になっていた。監督もツイッターをしていると知り、早速フォローした。

その後、監督がインタビューを受けた聖教新聞を、偶然我が家でも購読していたことから、ツイッターで監督と少しのやり取りがあった。新聞のインタビューを読んで、ますますどんな映画なのか、監督はどういう人なのか興味がわいた。

前作の『ディア・ピョンヤン』は、日本と共和国（朝鮮民主主義人民共和国）双方に住む家族を、監督自身が10年にわたって追い続けたドキュメンタリー映画だ。朝鮮総連（在日本朝鮮人総連合会）の幹部として活動に人生を捧げた両親と、娘である監督との離別と再会、そして和解を描いている。

そして、今回の『愛しきソナ』は、第1作と同時期に撮影した映像を、姪《めい》のソナちゃんに焦点を置いて編集したものだという。私も監督同様、共和国に兄と姉、そして姪や甥《おい》がいる。生まれてから一度も会ったことがないのが、監督との違い。

共和国で亡くなった私の母の前夫が、在日朝鮮人の帰還事業の際に兄と姉を連れて1959年に帰国している。母は祖母の反対や、当時赤ん坊だった一番下の兄とともに日本に1年だけ残り、その後に帰国するはずだった。しかし、さまざまな事情があり、母はいまだに共和国には足を踏み入れたことはない。

そんな私は、ツイッターで「愛しきソナ、早く観たいな。私も共和国に、生まれてから一度も会ったことのない兄と姉と姪と甥がいる。映画を見たあと、どんな気持ちになるんだろう」とつぶやいた。すると監督から「兄と姉？　信恵さんの実のお兄さんとお姉さんがいらっしゃるの？」との返信があった。

それからやり取りを重ね、大阪で会えることになった。5月13日に大阪のビジュアルアーツ専門学校で講義があると聞き、その講義に参加させてもらった。そこでは『愛しきソナ』の撮影にまつわるさまざまな話が聞けた。

「地球儀で見れば、アジアの国々は数センチしか離れていない。しかしその数センチの差で、同じ時間を共有している人々が自分とはかけ離れた生活をしていることもある」と、監督は話した。けれど、どんな場所であっても、人はやっぱり人で、笑ったり、悲しんだりしながら生きている。当たり前だけど、そんなことを人間は忘れてしまいがちだ。共和国でも同様に、そこで生活している人がいて、その家族の姿は日本にいる私たちと変わらない。

「家族とは？」との質問に対して、監督は「家族を見ると、自分がよく見える。鏡のようなもの」、そして「面倒だけど、たとえ死んでもなくならないのが家族。離れても家族で、思い続けるのが家族。

だから、面倒でもそれは苦じゃない」と話していた。

その後、2人きりで飲みに行く時間をつくってもらい、遅くまで話した。自分のお姉さんが近くにいたら、こんなふうにいろいろなことを話したかった。お酒も一緒に飲みたかった。その夢がかなったようで、とても幸せな一夜だった。

調子乗りなので、オンニに「ソナになりたかった、ソナみたいにチューしたい」と言ってみたら、「よっしゃ！」とOKしてくれた。さすが大阪の済州島の女だ。

翌14日は、大阪の第七藝術劇場での上映前に、監督の舞台挨拶があった。前日の講義では、監督は「この映画の中にはいろんなドアがある」とも話していた。親子愛、兄弟愛、夫婦家族、介護、政治、それは見る人によって違うドアだ。私もたくさんのドアを開けさせてもらった。映画の中で、離れた家族に会えた気がした。

当日は監督のお母さんも、この映画を初めて見るために劇場に来られていた。帰り際、監督とそのお母さんの後ろ姿を見て、映画のワンシーンと重なった。とても美しい光景だった。

この年の8月、監督は初のフィクション作品『かぞくのくに』の撮影に入った。私はこの映画を4回観たが、そのたびに泣いている私を、オンニは優しく、時々あきれながら見ていた。それから、すっかり私はオンニになついてしまった。

オンニが大阪に来るたび、恋人みたいにデートする。オンニの映画は、私にオンニという家族をくれた。

在日の詩人・丁章と喫茶美術館

私の住んでいる東大阪市は、大阪市生野区と並んで在日コリアンが多く居住する地域だ。そこに、昔から1軒のお好み焼き屋さんがあった。名前は「伊奈古」。幼馴染の実家のお店でもあり、何度も訪れていた店だった。

古い小学校のように趣がある空間に、民芸調の家具、作家の司馬遼太郎氏の「街道を行く」という作品の挿絵を書いた須田剋太《すだこくた》画伯の絵画が並び、不思議で大好きな空間だった。

たいていのお好み焼き屋さんでは、店のスタッフが調理して提供するが、ここは「自分焼き」というスタイルで、客が自ら焼かなければならないというのも面白かった。残念ながら、現在は閉店したが、年に数回イベント的にオープンする。

そして同じ敷地内には「喫茶美術館」があり、私はこの場所を「東大阪の迎賓館」と勝手に名づけ、遠来の客などをよく招いている。自宅が汚いからではない。散らかっているのは自分の部屋だけだ。ここでは韓国歌謡のコンサート、尹東柱《ユンドンヂュ》の詩を読む会など、さまざまなイベントも行われている。

ライターとして独立したばかりの頃、ある男性週刊誌でグルメの記事を書いていた。ある回は「焼きそば」がテーマだったのだが、そこのメニューにあった牛筋の煮こごりの焼きそばを紹介しようと、店を訪ねた。牛筋の煮こごりは、コチュジャンで甘辛く煮詰められたもので、在日の味でもある。そこで出会ったのが丁章《チャンジョン》オッパだ。

丁章オッパは在日コリアン三世で、「伊奈古」の2代目を務める傍ら、詩人としても活動していた。ちょうどその日、同行のカメラマンが重要な機材を忘れるという失敗をしたため、取りに戻る間の時間を埋めるように丁章オッパと話をした。往復で3時間もかかったけれど、話は尽きなかった。

幼なじみの兄という存在で知ってはいたが、直接話をするのはそのときが初めて。それまでにも在日コリアンの知人は大勢いたが、日本の学校に通うなかで日本名から民族名に変えたという私と同じ経験や、在日という存在について真摯《しんし》に語る人に出会ったのは、大人になって初めてのことだった。

またお互いのパートナーが日本人であることも共通していた。オッパの長女と私の長男は、共に同じ中学校に通っていた。私たちの母校でもある中学校には、「ムグンファの会」という、韓国にルーツのある子どもたちが通う民族クラブがある。オッパは初代の会長で、私もそこで韓国語や舞踊、歌などを学んだ。

オッパのパートナーは、私にとってやはりオンニのような存在で、ある日ふと、

「オッパのことをどう呼ぶの?」と尋ねると、すごく照れて、

「もうー、信恵さんは急に! 子どもと一緒に、アボジって呼んでるわ」と笑った。

子どもたちは、オッパのことは「アボジ」、オンニのことは「おかあさん」と呼ぶという。(私の息子は、小さい時は「オンマ」で、現在は「ママ」。)会うたびに、さまざまなことを教えてくれる丁章オッパを、私はずっとオッパと呼んでいる。

あるとき丁章オッパから「無国籍ネットワーク」という活動を教えてもらった。オッパは現在「朝鮮籍」を選択している。それは共和国（朝鮮民主主義人民共和国）という国や体制を支持しているわけではない。多くの人が勘違いしている点でもあるが、この「朝鮮籍」の「朝鮮」は、日本における外国人登録法における記号もしくは地域名でしかなく、特定の国を指すものではない。

今、日本に住む多くの在日コリアンは「韓国籍」を取得しているが、そのほとんどは1965年の日韓条約成立後であって、それまで在日コリアンは、日本においては「無国籍」の状態だった。わたしも「韓国籍」ではあるが、結婚を機に旅券をつくる際、日本での出生届は出ていたが韓国（大韓民国）に戸籍がなかった。そのため、長く「無国籍」状態だった。また父が朝鮮籍のまま亡くなったため、死後認知もできず、現在は母親の姓を名乗っている。

つねづね自身のことを「無国籍の在日サラム」（サラムは人の意）と称する丁章オッパは、朝鮮籍のままでいる理由は2つあると言った。一つは「祖国が統一していないから」。もう一つは「国家というものへの疑問」と語った。私は「祖国が統一したら、オッパは無国籍でなくなるの？　その国籍を選ぶの？」との質問をぶつけてみた。オッパは静かに、「その国籍になりたいと思える国家なら」と。その答えはまだ出ていないように思えた。

一口に「在日」と言っても、現在では祖国から離れ、世代も価値観も多様化している。それでも日本で生まれ、育ちながらも、自分の中にあるルーツに思いをはせる人は多い。

以前見た韓国のドラマで、「人間は2回死ぬ」というセリフがあった。一度目は、生物的な死。次の死は、記憶から消え去る時だという。在日という存在を伝えていくことが、在日として生きることだと、丁章オッパと話すたびに思う。ちょっと格好つけすぎちゃったけど、まあいい。

もし、みなさんが大阪を訪れる機会があるなら、その際はぜひ足を伸ばして「東大阪の迎賓館」を訪ねてほしい。たくさんの美術品があり、卓上には四季折々の小さな草花が飾られ、音楽とともに静寂も楽しめる空間だ。デートにも最適。そして、新たな出会いを待つ「在日サラム」に、ぜひとも出会って下さい。

在日の表情が見える街、大阪・鶴橋のコリアンタウン

大阪・鶴橋にある鶴橋市場を知っていますか？

鶴橋は東京の新大久保と並んで、西のコリアンタウンとして人気を集める街だ。2度の韓流ブームを経て、最近では大阪観光の一つとして訪れる日本の若い人々の姿が目立つようになった。

鶴橋市場とひとくくりに言っても、実は六つの市場や商店街からできている。アーケードの下には韓国の食材・衣料品をはじめ、魚、肉、野菜などの生鮮食品や乾物などの専門店が約1500軒並ぶ。生野区の御幸森神社近辺にもコリアンタウンがあるが、今回は鶴橋市場を紹介したいと思う。

この市場は、戦後自然発生した「闇市」が起源。1947（昭和22）年、日本、朝鮮半島、中華民国、中華人民共和国出身の人々の参加により、300店舗・会員数1200人の任意団体として「〜どこよりも安く何でも揃う〜鶴橋国際商店街連盟」が結成されたという。1967（昭和42）年には180店舗加入の法人「鶴橋商店街振興組合」となっている。かつては「国際マーケット」とも呼ばれた。

東京の新大久保と違う点は、戦後来日したニューカマーではなく、代々この地域に住み、生活を営むオールドカマーが大半を占める点だ。

私は時々キムチやコチュジャンを自作するのだが、その時は材料を求めるために「神戸商会」を訪れる。お店のお姉さん方は「最近何をつくったの？　今日は何をつくるの？」と笑顔で応対してくれる。「お店で買ったほうが安いけど、つくろうって思う気持ちがいいわ」と励ましてくれたりもする。コチュジャンを初めてつくった際には、「ヌル（麹）」がいったい何かわからずに困って、相談に行った。材料を書き記したメモを見て「つくりかたが古いけど、これは誰に聞いたの？」と尋ねられた。それは友人の亡くなった祖母のレシピだったのだが、「きっと物が手に入りにくい時代だったから、こういった材料になったのかね」と話してくれ、「きっとその友だちのハルモニも、喜んでいるはず」と、お姉さんは笑った。

季節ごとに並ぶオリジナルのキムチはどれも美味で、春には菜の花や富山県産のホタルイカのキムチなども登場する。

また、鶴橋市場の中には喫茶店も多く、市場のお客さんはもちろん、店舗の人々が食事や休憩する場所にもなっている。鶴橋市場の案内をする時、いつも立ち寄る喫茶店が「ロックヴィラ」だ。ここの名物は「キムチサンド」で、トーストしたパンに卵とキムチが挟んである。初めて食べる人は驚くが、とても美味しい。カウンターの際に差し入れとして持っていくことも多い。

そして、鶴橋市場の中でも一番きらびやかな通りが、チマチョゴリの専門店が立ち並ぶ一角だ。私はいつも「安田商店」というお店に行く。大学の入学式、成人式、結婚式という節目の折りには、ここで韓服を作ったり、レンタルしたりした。子どもが生まれて、１００日目のお祝い用のパジ・チョゴリもここで用意した。日本で生まれ育ったけれど、私は機会があれば韓服を着る。

鶴橋市場にて。（撮影著者）

日本の着物もきれいで、何枚かは持っているが、韓服が似合うと言われるほうが、やっぱりうれしい。毎年購入しては、夫から「チョゴリ屋を開く気か」とあきれられるが、こんなに綺麗なものを着ることができるのは幸せなことだと思う。２０１４年11月現在、40着……を超えてしまっているが、まだまだ増えそうだ。

一方、駅の近くには「キムチの大盛屋」がある。ここはオープンして7年目で、ニューカマーのご夫婦が営むお店だ。店内奥では軽食を楽しむこともでき、キムチも手ごろな値段で美味しいため、こちらにも頻繁《ひんぱん》に訪れる。ここの「ミミガー（豚の耳の皮）キムチ」は、お酒の肴《さかな》にぴったりだ。

取材などをかねて新大久保にもたびたび訪れるが、鶴橋市場とはまったく違う。新大久保は今の韓国を映していて、洗練された店も多い街だ。鶴橋は少しあか抜けないし、小さな店がひしめき合っている。けれど、そこに根を張って生きてきた在日の、力強さとかたくましさが並んでいるようにもみえる。

鶴橋では、チヂミを焼くゴマ油や、キムチ、夕方になれば焼き肉の煙の香りが漂う。匂いと、人の表情、生活感など、さまざまな人間味があふれる鶴橋という街が、私は大好きだ。

「わたしのまちはアジアのまち　わたしのまちは世界のまち」

毎年11月3日、日本では「文化の日」という祝日であるこの日、東大阪市内にある三ノ瀬公園では、「東大阪国際交流フェスティバル」が開催されている。私が暮らす東大阪市には、約60か国・約1万7200人の外国籍住民がいる。このイベントは、毎年この日に、「わたしのまちはアジアのまちわたしのまちは世界のまち」を合い言葉に開催されており、2013年には18回目を迎えた。

このイベントには、家族で毎年訪れている。ステージでは世界の歌や踊りや楽器演奏が行われ、パレードもある。出店コーナーでは、世界の食べ物や民芸品、特産物が販売されている。

ステージも楽しみだが、出店コーナーも見逃せない。民族学級や民族団体、夜間中学校などさまざまなテントには、あぶら餅（キルムトック。韓国のお菓子）、茶蛋（チャータン。中国のゆで卵）、キムチポッカ、焼きそば、ピビン麺、肉まん、にらまん、羊肉串、鳥の足、トッポギ、ごま団子、唐揚げなどがズラリと並ぶ。

あぶら餅と茶蛋を販売するのは夜間中学校のブースで、中学時代の担任だった黒川優子先生とそこで毎年顔を合わせる。黒川先生は当時、民族学級に通う私を心からサポートしてくれ、民族名へと変更する時にもずっと見守ってくれた先生だ。出来がよかった生徒だと自分では思うけど、「手がかかる子ほどかわいいものよ」と言われたことがある。おかしいな。

同様に東大阪市で長年にわたって外国人教育に関わってこられた瀬川誠先生もお元気だった。中学生の時からおじいちゃん先生だったが、今でもずっとおじいちゃんで、その姿を見るたびに、まるで自分のアボジと再会したような不思議な気持ちになる。

夜間中学校は、過去さまざまな事情で義務教育であるはずの中学校へ通うことができなかった人々のために開かれている学校だ。貧困や戦争で子どもの時に学校に通えなかった人、高齢の在日韓国・朝鮮人の女性、被差別部落の人、障がい者をはじめ、また最近では、中国からの帰国者、難民、結婚などにより日本に住むことになった外国人、といった人たちへの、生活のための日本語の学習支援を行っている。

一方、ステージも華やかだ。毎年、コーラス・ムグンファも登場する。コーラス・ムグンファは、東大阪のオモニたちで結成されている。代表を務めるのは、大阪の在日歌手を代表する姜錫子《カンソクチャ》オンニだ。

錫子オンニとは、東大阪の民族学級に通う保護者会で知り合った。その後交流が深まり、コンサートにはたびたび訪れている。錫子オンニのコンサートでは韓国の民衆の間で歌い継がれてきたさまざまな歌曲を知った。錫子オンニの歌声を聴くたびに、懐かしい気持ちになる。韓国で生まれ育ったわけではないのに、その場所の風景が思い浮かぶ。

錫子オンニは結婚する際に、たった一つだけ夫になる人にお願いをしたそうだ。それは「一生歌を唄わせてほしい」ということだったと、以前に聞いたことがある。錫子オンニが歌う時には、その姿を見つめる夫の姿がいつもあって、喫茶美術館などでコンサートが開かれる際には、妻のために買いそろえた音響機材を駆使して、サポートしている。素敵なご夫婦だといつも思う。

午後からは農楽と秧歌《ヤンガー》（中国北方の農村で広く行われる、田植えなどの労働歌を起源とする民間舞踊の一種。男性はラッパや太鼓で伝統的な音楽を演奏し、色とりどりの衣装を着けた女性が輪になったり蛇行しながら踊る）によるパレード隊も会場に入場した。韓国と中国の農民の踊りを日本で見る、不思議だけれどどちらも華やかで美しく、パレードの人たちの笑顔も印象的だった。

東大阪市は2012年の春から市立中学校26校で使用する公民教科書として、「教科書改善の会」のメンバーが執筆した育鵬社の教科書を採択した。日本によるアジア諸国への侵略戦争を美化・正当化し、憲法改悪に導くという指摘のある教科書だ。

このイベントは、国際社会にはばたく子どもたちに、多民族共生のまちを手渡したいという思いで開かれる。そんな催しが開かれる自治体で、育鵬社の教科書が使用されることは、そこに暮らす人たちのさまざまな思いを踏みにじることになるのではないか。また14年には、東大阪市民会館で排外・歴史修正主義者らによる「いわゆる！　従軍慰安婦検証展」なる催しが2度も開催された。女性の尊厳を踏みにじる醜悪なパネル展だった。

「ちがいを豊かさに」、「わたしのまちはアジアのまち　わたしのまちは世界のまち」、この美しいテーマのような教育が行われ、これからもずっとそこに住むさまざまな人たちが誇れるまちであるようにと願う。